Rudolf Reichenbach

Der Gebrauch des französischen Verbums zum Ausdruck des Adverbiums

Ein sprachvergleichender Versuch

Rudolf Reichenbach

Der Gebrauch des französischen Verbums zum Ausdruck des Adverbiums
Ein sprachvergleichender Versuch

ISBN/EAN: 9783743609969

Hergestellt in Europa, USA, Kanada, Australien, Japan

Cover: Foto ©Paul-Georg Meister /pixelio.de

Manufactured and distributed by brebook publishing software (www.brebook.com)

Rudolf Reichenbach

Der Gebrauch des französischen Verbums zum Ausdruck des Adverbiums

Siebenter Jahresbericht

über das

Domgymnaſium zu Colberg

und die

damit verbundene

Realſchule erſter Ordnung

Programm der öffentlichen Prüfungen

am 4. und 5. April

zu welchen

ganz ergebenſt einladen

Director und Lehrercollegium.

Inhalt:

1) *Der Gebrauch des franzöſiſchen Verbums zum Ausdruck des Adverbiums. Ein ſprachvergleichender Verſuch.* Abhandlung vom Gymnaſiallehrer Dr Rudolf Reichenbach.
2) Nachrichten über das letztverfloſſene Schuljahr. Vom Director G. Stier.

COLBERG 1865.

Druck der C. F. Poſtſchen Buchdruckerei.

Der Gebrauch des französischen Verbums zum Ausdruck des Adverbiums. Ein sprachvergleichender Versuch.

Bei einer Programmenschau aus den letzten Jahrzehnten treffen wir in sprachlicher Hinsicht vielfach Themata an, die nicht durch Beleuchtung dieses oder jenes Schriftsteller in einzelne Sprachen einführen oder einzelne grammatische Abschnitte einer fremden Sprache behandeln, sondern die uns, durch Betrachtung, Unterfuchung und Vergleichung der allen oder mindestens verwandten Sprachen gemeinsamen Anschauungs- und Denkformen, das Wesen des sprachschaffenden Geistes aufschließen sollen. Nachdem so große Meister, wie Bopp, Grimm, Bernhardy etc. die neue Aera der Sprachen-Betrachtung begründet und entwickelt haben, sind unzählige Erscheinungen aus der vergleichenden Sprachkunde an uns herangetreten, um Zeugnis zu geben von Arbeiten, die in nacheiferndem Geiste die großartigsten und umfassendsten Forschungen im Gebiete der Sprachen liefern. Dass hierbei extravagante Naturen zu weit gegangen sind, dass die Sprachvergleichung häufig im Unbedeutendsten Etwas suchte, wo nichts war, dass oftmals sogenannte Gelehrte zu Abenteuerlichkeiten verführt wurden, ist ebenso bekannt, als dass eine geraume Zeit hindurch die Naturwissenschaften sonst sehr gescheidte Leute an das Eldorado der Goldmacherei zu glauben und seine Erreichung zu hoffen verführten. —

Ich bin weit davon entfernt mir anzumaßen, dass ich etwas Neues in dem Gebiete der Sprachenforschung und Vergleichung bringen könnte. Es scheint mir aber eine Aufgabe der programmschreibenden Lehrer zu sein, auch im praktischen Interesse der Schüler, und für unsere Schule namentlich der die Realklassen besuchenden, ihr Scherflein beizutragen. Und dass dieß aus der vergleichenden Grammatik hervorgeholt werden kann, ist nicht zu bestreiten.

Abgesehen von der Geistesbildung im Allgemeinen, nach der Kenntnisnahme und Durchdringung der allgemeinen Sprachgesetze, wird ein Realschüler namentlich großen Gewinn haben, wenn er bei seinen Uebersetzungen aus den neuern Sprachen in die deutsche aufmerksam gemacht worden ist auf besondere Wendungen und Ausdrücke, welche auch todte Sprachen, so weit ihnen verständlich, mit den neuern, und diese unter sich gemeinsam haben, und wenn er in Vergleichung dieser mit jenen und dieser unter einander, wenn auch nur vorübergehend, geübt worden war. Die neuern Schulgrammatiken haben sich längst diesem Fordernis zum Theil angeschlossen, wie z. B. Knebel in seiner französischen Schulgrammatik bewelst, anderer nicht zu gedenken.

Sprechen wir beispielsweise von absoluten Participialconstructionen, so werden wir gewiss, lesen wir im Michaud crois. III. pag. 35: une croix d'or ayant été arrachée du dôme de l'église des templiers. — tous les chrétiens jetèrent des cris d'indignation sq., nicht ohne Nutzen englifche Beifpiele herbeiziehen, wie: No claimant being found, Mr. Booth very calmly resolved sq. (Field.), oder wir ziehen noch beffer aus dem Deutfchen Schillerfche Stellen heran, wie: „dieß Gefchäft berichtigt, eilten alle Statthalter nach ihren Provinzen" od. „Sie fingt hinaus in die finftre Nacht, das Auge vom Weinen getrübet", wenn wir ja nicht vom lat. Ablat. abs. fprechen wollen, der weniger abfolut erfcheint als die abf. Participien des Englifchen und Franzöfifchen. Welchem Tertianer jedoch der Abl. abs. von Quarta her verftändlich geworden ift, der wird gewifs die franz. und engl. abfoluten Partic.-Conftr. leichter verftehen und ihre Beifpiele fchneller und gewandter überfetzen.

Abgefehen von andern den Sprachen gemeinfamen Wendungen und Conftructionen, wie dem Infin. histor., dem Acc. c. Infin., der Anwendung der Modi sq., werden dem einen Schüler die auf denfelben Sprach-Principien ruhenden Regeln der einen Sprache, dem andern die der andern verftändlicher fein, und fo wird aus der Vergleichung der bekannten Sprachen untereinander das harmonifche Verftändnis des Ganzen an Klarheit gewinnen. Wie fchon gefagt, wird, abgefehen von der allgemeinen Geiftesbildung, durch Einficht in die Technik der dem Schüler bekannten Sprachen und durch Vergleichung derfelben, auch die Kunft und Gewandtheit, eine Sprache in die andere zu übertragen, die gewifs einem guten deutfchen Style förderlich fein mufs, an Innerlichkeit und Ausdehnung gewinnen. Hat ja doch noch vor Kurzem eine hohe Minifterialverordnung auf das Unzulängliche der deutfchen Arbeiten der Schüler im Allgemeinen aufmerkfam gemacht, und es ift wol unfere Pflicht, auf jede Weife dazu beizutragen, unfere Mutterfprache auch vermittelft der fremden Sprachen auf jede Weife zu pflegen und zu fördern. Das Goethefche Wort: „Wer fremde Sprachen nicht kennt, weiß nichts von feiner eigenen," möchte hier an feiner Stelle fein.

Meine Abficht ift nun, einen Verfuch der Zufammenftellung gleichartiger fprachlicher Erfcheinungen in den auf unferer Schule gelehrten Sprachen und deren Vergleichung zu machen, und zwar in Bezug auf den Gebrauch, gewiffe Nebenumftände, durch welche Zeitwörter näher beftimmt werden und die in andern Sprachen theils durch fogenannte Adverbien ausgedrückt werden, theils ausgedrückt werden können, durch andere Zeitwörter auszudrücken. In dem allgemeinen Theile werde ich diefen Gebrauch aus den der deutfchen Sprache zu Grunde liegenden Gefetzen der allgemeinen Grammatik zu entwickeln verfuchen, in dem befondern Theile werde ich von der franzöfifchen Sprache ausgehen, wo diefer Gebrauch am vorherfcheudften auftritt. Wenn auch die franzöfifche Sprache kein Vorrecht hierin hat, wie ich in dem allgemeinen Theile nachweifen werde, fo ift es doch nicht zu verkennen, dafs der glatte, gefchmeidige Ton des Franzöfifchen es befonders liebt, anftatt der erftarrten Form eines nur beigefügten Adverbiums die adverbiale Kraft felbft in das in jedes temporale und modale Verhältnis fich fügende Verbum finitum zu legen, um den Thätigkeitsbegriff oder auch den Ausdruck des Darftellenden zu beftimmen.

In den mir vorliegenden Grammatiken ift diefe fprachliche Erfcheinung nur fehr vereinzelt und vorübergehend erwähnt, theils bei der Verbindung zweier Verben behufs der Anwendung von de und à, wie in der umfangsreichen Grammatik von Mätzner, und der fo vorzüglichen Syntax von Oheim, theils bei Angabe der Bedeutung von einzelnen Verben, wie aller, venir, faillir, wie bei Hirzel, der bei aller Reichhaltigkeit und Umfchweifigkeit doch Manches fehr oberflächlich behandelt und jene Erfcheinung nur als Eigenthümlichkeit einiger franz. Zeitwörter, nicht aber als einen den Sprachen gemeinfamen Gebrauch, der im Franzöfifchen als befonders hervortretend, gern einen eigenen Abfchnitt bilden würde, anfieht und durchaus nicht entwickelt. Auch in der Grammatik von Knebel*) und andern üblichen Schulgrammatiken find viele Verba nicht angeführt, wenigftens nicht mit unter den einen Gefichtspunkt gebracht worden, dafs fie, je nach ihrer jedesmaligen Verbindung mit andern Verben, die Stelle eines Adverbiums vertreten oder vertreten können. Wenn ich fchließlich auf einzelne dem Realfchüler fernliegende Sprachen Rückficht nehme: fo gefchieht dieß zur Vervollftändigung des Ganzen und zur Belebung des Intereffes an dem Gegenftande felbft, den ich wenigftens in den mir bekannten Programmen nicht behandelt gefunden habe. Meine Abficht ift nur, unferen Schülern in ihrem eigenen Intereffe und zu ihrer Belehrung gleichzeitig etwas zu bieten, was ihnen vielleicht im Zufammenhange unerreichbar ift und was ihren Geift weckt und fie zu eigner Forfchung früher oder fpäter veranlafst.

I. Allgemeiner Theil.

Wir machen uns den Urfprung und die Entwickelung des in allen Sprachen mehr oder weniger vertretenen Gebrauchs nach allgemeinen grammatifchen Grundfätzen klar und behalten zunächft den deutfchen Sprachgebrauch im Auge.

§. 1. Beziehungen der Begriffe auf einander und auf den Darftellenden. In dem einfachen Satze wird eine Thätigkeit auf ein Sein bezogen oder es tritt der Begriff einer Thätigkeit zu dem Begriffe eines Seins (oder Wefens) in ein Beziehungsverhältnis. Das Beziehungsverhältnis der zu einem Ganzen gewordenen Begriffe ift wechfelfeitig, wenn auch der Begriff der Thätigkeit, als das Prädikat, als der eigentliche Kern und Mittelpunkt des Satzes angefehen wird. Die Thätigkeit kann auch als thätig gedachter Zuftand dargeftellt fein. Diefer Thätigkeitsbegriff kann aber auch — in fteter Beziehung zu dem Sein — verfchieden dargeftellt werden, und zwar regelt fich diefe Verfchiedenheit in Beziehung auf den Darftellenden nach Zeit und nach Modus, wiewol nicht zu überfehen ift, dafs der Thätigkeitsbegriff zugleich nach dem temporalen und modalen Verhältniffe auf den Darftellenden bezogen, alfo auch von ihm ausgedrückt werden mufs. Wenn ich alfo fage „Das Kind fchreit": fo wird einmal der Begriff der Thätigkeit zu einem Sein bezogen, zweitens aber auch der Thätigkeitsbegriff des Schreiens auf den Darftellenden, indem einmal (temp.) ausgedrückt wird, dafs es jetzt gefchieht, und zweitens (mod.) dafs es wirklich gefchieht. Fortgefetzt geben die temp. Beziehungen alsdann Vergangenheit und Zukunft, und die modalen: Möglichkeit und Nothwendigkeit.

§. 2. Erweiterung des Satzes durch Adverbien. Es find alfo jederzeit fchon im einfachen Satze die Beziehungen der Begriffe auf einander von den Beziehungen der Begriffe auf den Darftellenden wol zu unterfcheiden, wiewol der Form, dem Wortlaute nach, kein Unterfchied zu fehen ift. Wenn dieß nun fchon im einfachen Satze ftattfindet, um wieviel mehr in einem erweiterten Satze, wo der Thätigkeitsbegriff durch den Darftellenden felbft, fei es auf temporale oder

---

*) Knebel ift in feiner fonft fo verftändlichen Grammatik, wo er (§. 110) einen Theil diefer Verben anführt, doch nun Theil noch zu weit gegangen, wenn er vorausfchickt, dafs eine Anzahl von Zeitwörtern in der Art mit einem Inf. verbunden wird, dafs der Inf. den Hauptbegriff bildet und das Verb. finit. nur die Stelle eines Adverbiums verfieht und ohne Weiteres „ne faire que" für „beftändig" und „ne faire que de" für „fo eben" als Beifpiel angiebt, indem er dabei jedenfalls überfieht, dafs die adverbiale Kraft nicht im Verb. fin. „faire", fondern in „ne-que" ruht und fairo felbft hierbei nur vermittelnd dem ne-que hilft. Etwas ganz anders ift es, wenn ich die adverbiale Kraft oder Bedeutung des einen Zeitworts durch die Conftruction oder die Art der Verbindung mit dem andern Verbum vermittle, wenn ich alfo unterfcheide venir c. inf. von venir de und venir à f. qu. etc., oder aller c. infin. von aller c. part., oder wenn ich tarder mit und ohne Negation anwende, um die adv. Bedeutung von „bald" oder „fpät" zu erhalten.

modale Weife, näher beftimmt wird. Abgefehen von allen übrigen Erweiterungen betrachten wir einen Satz — für unferen Zweck — durch ein Adverbium erweitert, fo dafs alfo dem Vorigen entfprechend, fowol die Beziehungen der Begriffe zu einander, als auch der Thätigkeitsbegriffe auf den Darftellenden adverbialiter beftimmt werden können. Es konnte in den einfachften (nackten) Sätzen das Sein (Subjekt), aber auch die Thätigkeit (das Präd.) in den Vordergrund treten — je nach der verfchiedenen Darftellung. „Ich fchreibe" kann heißen: „Ich fchreibe", nicht du; es kann aber auch heißen: „ich fchreibe" d. h. „ich zeichne nicht." Ebenfo kann diefes Beziehungsverhältnis durch ein Adverbium erweitert werden, wobei auf verfchiedene Weife das Subjekt oder das Prädikat in den Vordergrund der Beftimmung treten kann, oder nun wol auch drittens der ganze Satz, wenn das Adverbium das Beziehungsverhältnis beider Begriffe auf den Darftellenden beftimmt. „Ich fchreibe zuerft" kann alfo heißen: als erfter (dann kommt ein anderer), 2) ich bin zuerft in der Thätigkeit des Schreibens, dann in einer andern, 3) aber auch zum erften Male. Dafs hierbei 1) das Adverbium appofitionell zum Subjekt zu faffen ift, wie ja auch das Participium, welches in diefer Hinficht von Becker Gerundium genannt wird, wie in: „wachfend mit jeder Stunde dringet die Gefahr" oder: „drauf ftreckt er fich murrend zur Seite nieder" (Sch.) im Deutfchen häufig fo angewendet wird, wird fpäter noch befprochen. Für jetzt handelt es fich bloß um die Verfchiedenheit, in welcher das Adverbium in fein Beftimmungsverhältnis treten kann oder beffer das Beziehungsverhältnis der Thätigkeit ausdrückt.

§. 3. Temporale Beziehungen. Die Beziehungen der Thätigkeit auf den Darftellenden find nun 1) temporal: d. h. die Thätigkeit wird nach der Zeit ausgedrückt und zwar a) durch beftimmte Formen des Verbs, b) durch Hilfsverben des Zeitverhältniffes, c) durch Adverbien, welche das Zeitverhältnis beftimmen. Schon hier finden wir Vertretung der Hilfsverben durch Zeitadverbien. So der Hund hat gebellt und bellte eben; d) der Hund wird bellen und bellt fogleich. Diefe Zeitadverbien drücken aber auch in Beftimmung des Prädikats außer dem Zeitpunkte b) die Wiederholung einer Thätigkeit in der Zeit und c) die Dauer derfelben aus.*) So der Hund bellt a) jetzt, b) oft, c) fortwährend. Wird der Zeitabfchnitt, in den die Thätigkeit fällt, größer gedacht, können zwei Beftimmungen eintreten, wie: „der Hund bellt jetzt oft", oder „jetzt bellt der Hund fortwährend." Alfo in einem längern Zeitabfchnitte der Gegenwart gefchieht das Bellen mit Unterbrechungen wiederkehrend = „oft, häufig", oder in einer langen Zeitdauer = fortwährend. Hier ift alfo fowol die Beziehung auf den Darftellenden, als auch auf das Sein beftimmt.

§. 4. Modale Beziehungen. Auch hier finden wir die Verhältniffe des Modus — in Bezug auf Wirklichkeit, Möglichkeit, Nothwendigkeit — 1) durch befondere Conjugationsformen, 2) Hilfsverben, 3) Adverbien ausgedrückt. Wir haben es hier nur mit den Hilfsverben und Adverbien des Modalverhältniffes zu thun und zwar deswegen, weil fie mit einander vertaufcht werden können. Sprechen wir zunächft von den drei Hilfsverben der Möglichkeit: können, dürfen, mögen, fo handelt es fich hier nicht bei „können" um den Ausdruck des natürlichen, wie bei den andern um den der moralifchen Möglichkeit, d. h. der Freiheit etwas zu thun, auch nicht bei „mögen" um die Bedeutung von begehren, wünfchen (wie „ich mag ihn nicht fehen"), fondern nur um die Wahrfcheinlichkeit, d. h. die begründete Möglichkeit oder das Verhältnis, in welchem die Thätigkeit der Darftellung nach — wirklich werden kann. Wir fagen alfo

---

*) Becker rechnet diefe Adverbien bei den Beziehungen auf den Sprechenden unter das Größenverhältnis einer Thätigkeit, während Mätzner Adverbien diefer Art unter die Zeitadverbien bringt, doch konnte letzterer die Beziehungen auf das Vorher, Nachher und Zugleich paffender unter die Beftimmung der Vergangenheit, Zukunft und Gegenwart bringen.

in gleicher Bedeutung: Sie können (könnten), dürften, mögen (möchten) ausgegangen fein, und verftehn darunter die Möglichkeit = Wahrfcheinlichkeit der Thätigkeit des Ausgegangenfeins, fo dafs wir alfo in allen diefen Fällen fagen können: „Sie find möglicher Weife = vielleicht ausgegangen." So vertaufcht z. B. Uhland in einer Strophe „mögen" mit „können" in verfchiedener Bedeutung: „Da fpricht der arme Hirte: Defs mag noch werden Rath (möglich) und „kein Rofs mag fie erfteigen" = ift im Stande.*)

In den drei Hilfsverben der Nothwendigkeit werden wir keine vereinte Vertretung für ein Adverbium finden. Wenn wir durch „müffen" die logifche Nothwendigkeit ausdrücken, alfo die Gewifsheit der Ausfage, hervorgehend aus der Ueberzeugung des Darftellenden, fo können wir an die Stelle die Adverbien: „gewifs, ficherlich" fetzen. So: „er mufs fehr krank fein" = er ift gewifs fehr krank; er mufs abgereift fein = er ift gewifs, jedenfalls abgereift. Drücken wir die phyfifche Nothwendigkeit aus: fo fagen wir dafür „nothwendig", wie „alle Menfchen müffen fterben" = „fterben nothwendig, natürlich, naturgemäß." Hier werden die eintretenden Adverbien häufig zum Subjekte appofitionell, wie: „der Schwache mufs dem Starken weichen" = gezwungen, nothgedrungen. Die moralifche Nothwendigkeit finden wir in: „Du mufst die Wahrheit reden" — du redeft pflichtgemäß die Wahrheit. Ebenfo ift es mit follen und wollen, je nachdem fie logifche oder moralifche Nothwendigkeit bezeichnen. Sollen in logifcher Nothwendigkeit (die von der Angabe Anderer abhängig ift) in: „er foll kränkeln" = er kränkelt angeblich, bekanntlich; in möralifcher Nothwendigkeit (von Anderer Willen abhängig) wir follen zu Haufe bleiben = müffen = wir bleiben gezwungen zu Haufe. Wollen in logifcher Nothwendigkeit (die von der Angabe des befprochenen Subjekts abhängig ift): „er will uns gefehen haben — er gibt an, uns gefehen zu haben, indem er deffen gewifs ift = er hat uns angeblich gefehen: „er will uns nicht fehen" = er fieht uns vorgeblich (fcheinbar) nicht. — Auf diefe Weife finden wir die modalen Hilfsverben ftellvertretend für Adverbien, die allerdings oft Begriffswörter werden, oft nur zum Subjekte appofitionell ftehen, fo dafs das Verhältnis zum Darftellenden gelockert erfcheint.

§. 5. Die Vertaufchung der Hilfsverben. Hieran müffen wir die fprachliche Erfcheinung knüpfen, wonach gewiffe Hilfsverben untereinander vertaufcht werden, um dem Thätigkeitsbegriff, in Beziehung auf den Darftellenden, eine adverbiale Beftimmung mitzugeben. So brauchen wir das Hilfszeitwort „werden", um eine Thätigkeit (od. einen Zuftand) als möglich, ja im Sinne des Darftellenden als wahrfcheinlich zu beftimmen. Es heißt als Antwort auf die Frage „wo ift er?" — „er wird krank fein, fchlafen"; d. h. er ift vielleicht krank; er kann wol fchlafen = möglicherweife, wahrfcheinlich fchläft er. Die Zukunft (durch „werden" ausgedrückt) liegt eben in dem Gedanken des Darftellenden und es heißt, wenn ich fage „er wird fchlafen" — : wenn wir nachfehen werden, uns überzeugen werden, werden wir ihn fchlafend finden. „Du wirft irren, mein Freund" heißt: du irrft wahrfcheinlich, d. h. der Erfolg, die Zukunft wird lehren, dafs du dich irrft. So gebrauchen wir auch werden, um die Nothwendigkeit — alfo in dem Gedanken des Darftellenden als gewifs vorausgefetzt — auszudrücken. „Du wirft das nicht thun" heißt du thuft dieß gewifs nicht. Du wirft jetzt fchlafen = du mufst fchlafen = fchläfft nothwendiger Weife. So gebraucht man in andern Sprachen (Franz., Griech.) das Futurum für den Imperativ.

---

*) So unterfcheiden wir auch im Gebrauch des franzöf. pouvoir an verfchiedenen Stellen (in Vereinigung des engl. can und may) die fubjektive Möglichkeit von der objektiven oder die innere Fähigkeit von der äußeren Thunlichkeit. So müffen wir z. B. im Anfang der Phädra: „aux lieux, qui le peuvent cacher" verftehen, an den Orten, die ihn möglicher Weife = leichtmöglich verbergen. Vgl. Ofterprogr. 1858. Danzig.

Der modale Ausdruck des „worden" zeigt sich auch im Fut. exactum, um die Vergänglichkeit als wahrscheinlich zu bezeichnen: „Er wird es vergessen haben, ausgegangen sein — er hat es wahrscheinlich vergessen" u. f. f. —

Das andre Hilfszeitwort haben drückt in Verbindung mit zu und dem Inf. (= Supinum) die Zukunft in der Voraussetzung der größten Gewißheit aus. „Sie haben zu sprechen" heißt zunächst = sollen, werden sprechen.*) Sodann heißt „haben" mit dem Sup. = müssen: durch äußere und innere Nothwendigkeit verpflichtet sein. So heißt: „Ihr habt Euch danach zu richten" = ihr richtet euch nothwendig darnach; du hast zu schweigen = du sollst, mußt schweigen. So Schiller: „So hab' ich diesem Manne stilles Unrecht abzubitten" (innere Nothwendigkeit). Die Nothwendigkeit liegt also in Beziehung auf den Darstellenden oder geht von dem Willen des Sprechenden aus; es liegt in der Pflicht des angeredeten Subjekts, sich der Nothwendigkeit zu fügen. Mithin können wir auch in einerlei Bedeutung für: „Du wirst schweigen" sagen: „Du hast zu schweigen", in der Bedeutung von: „Du mußt, sollst schweigen."

Wir wenden auch „haben zu" für dürfen, können an, wie: „er hat nichts zu befahlen" = „er darf nichts befehlen", und: „ich habe nichts einzuwenden" = ich kann nichts einwenden." So steht „dürfen" für „sollen" (Nicht schweifen im Gewälde darf mir ein solcher Mann. Uhl.) und „sollen" für „werden" (Und jener spricht: es soll geschehn = es wird geschehen = es geschieht sicherlich. Sch.)**) Es dürften der Beispiele genug für unsern Zweck sein, zu zeigen, wie die Hilfsverben unter einander vertauscht werden können, um den Thätigkeitsbegriff in modaler und temporaler Beziehung adverbialiter zu bestimmen.

§. 6. Vertauschung von Hilfsverben mit andern Verben. Hierzu kommt nun ferner, daß diese Hilfsverben, namentlich modaler Natur, auch durch andere Verba oder durch Begriffe von Thätigkeiten besonderer Bedeutung vertreten werden, die alsdann eben so gut als jene adverbiale Kraft erhalten können.

Ich erinnere nur an das „können und wissen", an wollen und wünschen, mögen und begehren. Je nach der Bedeutung können wir diese Verba im Deutschen durch adverbiale Bestimmungen der mit ihnen verbundenen Verben ersetzen. Wenn Becker (Sch. G. p. 191) sagt: „wissen" mit dem Supinum bedeutet so viel als „können", so scheint mir dieß doch ungenau ausgedrückt, da nur eine Seite des „können", eine besondere Bedeutung, hierher zu ziehen ist. „Er weiß, die Leute zu behandeln" heißt: er behandelt die Leute weislich = verständig. Das können = vermögen beruht also nur hier in dem Wissen, Verstehen der Behandlung. „Er weiß zu tanzen" = er tanzt geschickt; auch = er hat es gelernt, versteht es, ist daher im Stande = er kann tanzen. Dagegen er weiß zu leben = er lebt gut; so: er versteht zu leben = er lebt verständig (wiewol mitunter ironisch = unverständig).***) Er wünscht zu schlafen = er will schlafen; dafür als condit.: „er schliefe gern." (Dazu vergl. das französische vouloir mit der Bedeutung gern im

---

*) Nach dem Princip, daß die Formen der Conjugation in verschiedenen Sprachen durch Antreten fremder Elemente entstanden sind (worin Curtius, Temp. u. Modi zu vergl., Wüllner n. a.) ist in den romanischen Sprachen das Fut. durch Verschmelzung des Infin. mit habere entstanden: ital. amerò, span. amaré, port. amarei, prov. almerai. Vgl. Diez Gr. d. roman. Spr.

**) Wir sehen jetzt hier ab von der Bedeutung der englischen Hilfsverben: „can, may, shall, will", ebenso von dem Unterschiede des Altdeutschen, wo „kunnan" in der Bedeutung von novisse, „magan" in der von posse, „haben" in der von μέλλειν vorherrschend gebraucht ist, und auch vom französ. avoir à f. c. ch., da hierüber im II. Theil gehandelt wird.

***) Dagegen Opitz poëm.: „Schau her wie schlechten Trost ich weis von dir zu kriegen."

II. Th.). Ferner: „Niemand mag ihn fehen = Niemand begehrt ihn zu fehen — Niemand fieht ihn gern, „Ich möchte mit dir gehen" == ich ginge gern mit dir. Dafs bei erfteren formgemäfs der bloße Infinitiv, bei den andern das Supinum angewendet wird, um gleichfam die Beziehungsform des Acufat. auszudrücken, macht in der Bedeutung felbft keinen Unterfchied. Finden wir doch viele neud. Verben im Goth., Altd. und Mitteld. als bloße Hilfsverben in derfelben Bedeutung mit dem bloßen Infin.; das „zu" ift erft fpäterer Begleiter geworden.*)

§. 7. Andere Verba zum Ausdrucke adverb. Beftimmungen. Unendlich viele Verbal-Verbindungen wären hier anzuführen, durch welche man nachweifen könnte, wie das Verbum finitum im Deutfchen als Ausdruck eines Adverbiums und das jenes im Supinum begleitende Verbum als eigentlicher Thätigkeitsbegriff in Beziehung auf das Sein (Subj.) zu faffen ift. Es ift oft fchwer zu unterfcheiden, ob der Darftellende das Verb. finitum als wirklichen Thätigkeitsbegriff auf das Subjekt beziehen will, fo dafs das begleitende Supinum als Verbal-Ergänzung dient, oder ob das ergänzte Supinum als eigentlicher Thätigkeitsbegriff angefehen werden mufs und das Verb. fin. nur als Beftimmung deffelben. Durch einige Beifpiele wird hier leicht der Anknüpfungspunkt für den franzöfifchen Gebrauch diefer Art zu finden fein, der mithin keine Eigenthümlichkeit der franz. Sprache ift, fondern allen Sprachen mehr oder weniger gemeinfam.

Betrachten wir zunächft die Wörter: „lieben und pflegen." Lieben heißt hier — in Vertaufchung der Begriffe von Sein und Thätigkeit — Neigung zu einem Thun, Wohlgefallen an einer Thätigkeit oder einem Zuftande haben, fo dafs wir alfo auch fagen: lieben etwas zu thun == etwas gern thun. Wenn man etwas gern thut, thut man es auch häufig, daher: gewöhnlich. Die Liebe zu einem Thun macht etwas zur Gewohnheit. So werden diefe beiden Verbalbegriffe oft verwechfelt. „Es liebt die Welt das Strahlende zu fchwärzen" u. f. w., heißt alfo: „Die Welt fchwärzt gern oder gewöhnlich das Strahlende." Es foll alfo hierdurch die vorherfehende Neigung und die daraus entfpringende Gewohnheit des Menfchen, dieß zu thun, ausgedrückt werden.**) Die adverb. Beftimmung von „gewöhnlich" ift leicht aus dem Worte „pflegen" zu finden. Sowol in der Bedeutung ausüben, verwalten, (feines Amtes), üben, obliegen (ftath. Unterhandlung pflegen), als auch gebrauchen == genießen (der Ruhe pflegen), Sorge tragen für eine Perfon oder Sache == warten (feines Leibes u. feinen Leib pflegen) liegt eine Zeitdauer oder eine Wiederholung, da keine diefer Bedeutungen einen einzelnen Zeitmoment ausdrücken kann; daraus ift nun leicht für das Hilfsverb. pflegen die adverb. Bedeutung von: „gewöhnlich, oft" sq. zu finden, die wir fowol bei lebenden Wefen, als bei Sachen anwenden. So: er pflegte zu fagen == er fagte gewöhnlich.***)

Wie mit diefen beiden Verben, verhält es fich mit vielen andern, aus denen wir leicht das ftellvertretende Adverbium finden können. So: „er beeilt fich, er eilt zu mir zu kommen == er kommt eilig, fchleunigft zu mir." Das „kommen" kann Hauptbegriff, das „eilen" nur Neben-

---
*) Quam lathôn == ich kam rufen (Matth. IX, 13), uzlaubida giban == erlaubte zu gehen (37), bigan in sellen Otfr.) diu vrowe bat fih wifen u. do begunde vrâgen (Nib. L. 826), vgl. Lehm. d. Gramm. p. 545.

**) Wenn Heyfe in f. Lexicon z. d. Sp. fagt: „diefe Anwendung des Wortes ift erft in neuerer Zeit durch Nachahmung des franz. aimer à üblich geworden, fo hat er wol nicht an Opitz u. A. gedacht, der „lieben" (u. auch begehren) in diefer Bedeutung gebraucht; z. B. „es liebt das heutfche Volk der Nymphen zu den Wäldern und klaren Brunnen hinzugeben." Auch im Mhd. finden wir es fo; vgl. Nib. (Hag.) 2330: das liebte an zu fehene viel manigen rechten lobelich.

***) Im Mhd. finden wir „pflegen" fogar ohne zu, wiewol nicht in diefer Bedeutung (vgl §. 5. Anm.), z. B: Sigelint — pflac — tellen rôtez golt (v. 166), der helt in wunden pflac (1869), die fol in grôzeme pflegen (1174). Dagegen Opitz (Zlatna) evur Zlatna pflegt mir zu gefallen (andauernd, beftändig), unfer Amon pflegt aus Hoffart fich zu rufteu. (gewöhnlich == gern).

beſtimmung ſein. So ſagt man anſtatt: „Geben Sie gefälligſt mit mir" = geben Sie mit mir, wenn es Ihnen gefällt, oder es möge Ihnen gefallen, mit mir zu gehen (zu vergl. das engl. please, frz. plaire, auch in der Anrede veuillez, daignez). Mancher ſagt: „Ich erlaube mir zu ſprechen," ſpricht aber dabei ſchon (vgl. Thl. II), ſei es nun erlaubt oder nicht erlaubt; die Hauptſache iſt hierbei für den Sprechenden das Sprechen, die Erlaubnis eigentlich nur Nebenſache, im Satz alſo nur Beſtimmung der Thätigkeit des Darſtellenden, in Uebereinſtimmung mit dem Subjekte. „Das Kind verſucht zu täuſchen" kann heißen nach der Analogie von: „das Kind pflegt zu täuſchen = täuſcht „gewöhnlich", oder „das Kind kann, mag täuſchen = täuſcht „vielleicht", „das Kind täuſcht verſuchsweiſe", oder „das Kind verſucht zu gehn" = „geht verſuchsweiſe." Es kommt alſo nur nach Obigem darauf an, ob der Darſtellende das Verſuchen als Hauptbegriff nimmt, um denſelben auf das Kind zu beziehen, oder ob er den Begriff des Täuſchens auf den Begriff Kind beziehen und als Beſtimmung desſelben angeben will, daſs dasſelbe nur verſuchsweiſe geſchieht. — Doppelſinnig ſind Verbindungen wie: „ich ſchäme mich etwas zu ſagen" und „ich fürchte mich etwas zu thun." Erſteres kann heißen: „ich ſage etwas mit Scham" = mich ſchämend, aber auch „ich ſage etwas nicht, weil ich mich ſchäme", oder „aus Scham ſage ich etwas nicht."*) Dagegen heißt es z. B. bei Sch.: „Doch auch der Launen Uebermuth hätt' er geeifert zu erfüllen" = hätt' er mit Eifer = eifrig erfüllt. Endlich ſuchen wir auch aus Verbindungen wie „beharren in einer Thätigkeit", wofür: „beharrlich ſein", wo wir alſo ſprachgemäß nicht das Supinum anwenden, adverbiale Beſtimmungen. So alſo für: „er beharrt im Leugnen, er iſt beharrlich zu leugnen = er leugnet beharrlich (vgl. II. Thl.) Dasſelbe finden wir bei vielen andern zu Eigenſchaftswörtern erſtarrten Verbalbegriffen mit der Copula, wie nachläſſig, ſtandhaft ſein etwas zu thun, oder in etwas, wofür wir ſagen: etwas nachläſſig, ſtandhaft u. ſ. w. thun.**) — Doch genug der Beiſpiele!

§. 8. Vertauſchung von Verben in andern Sprachen für dieſelben Beſtimmungen. So wandelbar die Bedeutung der deutſchen Hülfsverben an ſich war, ſo wenig auffallend muſste der Sprachgebrauch erſcheinen, daſs die temporalen und modalen Hilfsverben unter ſich ſogar mit ähnlicher und gleicher Bedeutung vertauſcht werden konnten. Ebenſo wenig wird es auffallen, wenn wir andere Sprachen damit vergleichen und theils die urſprünglich ſelben Verben, theils andere Verben zur Bezeichnung der verſchiedenen Beziehungsverhältniſſe angewendet finden. Der immer thätige Sprachgeiſt half ſich immer, wie er nur konnte, und ſo finden wir oft dieſelben Wörter und Ausdrücke — nach der Sprache gemodelt — in vielen Sprachen für dieſelbe Bedeutung, oft ganz andere Ausdrücke und Verbindungen, wie auch Conſtructionen, ſowol für dieſelben Beziehungen der Begriffe zu einander, als für die Beziehungen zu dem Darſtellenden. So finden wir zum Ausdruck des Zeitverhältniſſes, z. B. des Futurums, nicht nur im Deutſchen die Anwendung des ſollen für werden (vgl. §. 4).), ſondern wir bedienen uns auch zum engl. Futurum des shall und will, oder mit annähernder Futurbedeutung nehmen wir be to od. be going to c. inf.; wir umſchreiben im Lat. das Fut. durch esse c. partic. (wie dicturus sum f. dicam), wie wir im Griech. das Hilfsv. μέλλειν c. Inf., und im Altdeutſchen „haban" c. Inf. anwenden; ſo drücken wir, indem wir „aller und venir" als Hilfsverba gebrauchen, im Franzöſ. den Begriff der Zukunft verſchieden aus. Ebenſo iſt es mit den modalen Verhältniſſen der Darſtellung. Die Bedeutungen von dürfen und dem

---

*) Der Grieche unterſcheidet hier wolweislich: αἰσχύνομαι λέγων und λέγειν, und φοβοῦμαι διαλέγεσθαι und διαλέγειν σε. Der Franzoſe unterſcheidet j'ai honte de dire = ich ſage es mit Scham, and j'ai honte à dire = ich ſage es nicht, weil ich mich ſchäme = aus Sch.

**) Ich erinnere an das engl.: he was sure to keep his word = er hielt ſicherlich ſein Wort, be sure to do it = thut es ja jedenfalls, und he was very unwilling to commit the crime: er beging ſehr unwillig das Verbrechen.

engl. dare können weitauseinander gehen, wenn man „dare" mit wagen, fich erkühnen überfetzt und in „dürfen" bald die Bedeutung von: „Macht, Freiheit oder Erlaubnis zu etwas haben, bald die von „können" zur Bezeichnung einer als Möglichkeit ausgefprochenen Vermuthung legt. So tritt „wollen" für die Beftimmung „gern", aber auch für „angeblich" ein; das engl. will ift zunächft temporal, dient aber doch auch zur Bezeichnung der Wiederholung; Wiederholung wird zur Gewohnheit, daher die Bedeutung von pflegen od. adverb. „gewöhnlich"; das Pflegen und die Gewohnheit werden zur Liebhaberei und Annehmlichkeit; dagegen wird „vouloir" fchneller die Bedeutung von „gern" erhalten. Auf diefe Weife finden wir, dafs will und like, vouloir, aimer, avoir coutume, solere und amare, und ἐθέλω und φιλεῖν (dazu χαίρω, wenn auch in anderer Verbindung) in Eine Bedeutung zufammenlaufen können. Es werden diefe wenigen Beifpiele genügen, um darauf hinzudeuten, wie wir in verfchiedenen Sprachen zum Ausdrucke temporaler und modaler Beziehungen, wie auch adverbialer Beftimmungen, nicht nur Hilfsverben, fondern auch andere Verben anwenden.

§. 8. Verfchiedenheit der adverbialen Beftimmungen; Participialien. Da die Adverbien, wie fchon gefagt, nicht bloß einen Nebenumftand oder eine Beftimmung der Thätigkeit (des Prädicats) felbft, fondern auch die Art und Weife, wie die Thätigkeit dem Darftellenden erfcheint, wobei wiederum zu unterfcheiden war, ob die Beftimmung fich mehr nach dem Subjecte oder dem Prädicate hinneigte, ausdrücken: fo fragt es fich, ob im Französischen fo gut wie im Deutfchen in allen Fällen die Vertretung von Verben anzunehmen ift. Aus den im II. Th. folgengenden Beifpielen und deren Erklärung wird der Beweis hervorgehen, dafs jeder Fall im Französischen eine Vertretung findet. Doch können die Beifpiele ihren Eintheilungsgrund hierin nicht finden, da diefelben Verben in beiden Adverbial-Beziehungen gebraucht werden können, und es einen Unterfchied in der Bedeutung macht, wie das jedesmal zu beftimmende Verbum mit dem beftimmenden Verbum verbunden ift. Ich erinnere hier nur an *venir faire*, *venir de* und *à f. qu. ch.* Da der Darftellende die Beziehung des Thätigkeitsbegriffes (Prädicats) auf fich, wie die Beziehungen der Begriffe zu einander beftimmt, fo wird es in Bezug auf unfer Thema keinen Unterfchied machen, ob im Allgemeinen bei der Vergleichung das Verbum fin. mit einem bloßen Infinitiv oder vermittelft einer Praepofition wie *de*, *à*, *par* c. Inf., oder mit dem Participium, fei es auch der Form nach appofitionell zum Subjecte gehörig, verbunden ift.

Becker nimmt unter dem Ausdrucke „Participialien," Infinitive (Supina) u. Participien (Gerundien) unter einem Gefichtspunkte und gibt an, wie beide Formen — als Mittelwörter — gleiches Anrecht auf die Beziehung des Thätigkeitsbegriffes auf ein Sein und auch auf den Darftellenden haben. So finden wir z. B. (abgefehen von adverb. Beftimmungen) im Deutfchen den Infinitiv ftatt des Particips angewendet: objectiv „ich höre ihn fprechen" (für fprechend), ich finde ihn fchlafen (für fchlafend), und fubjectiv: er bleibt fitzen (für fitzend), er geht betteln (für bettelnd.*) So finden wir ferner im Lateinifchen „ire" mit drei verfchiedenen Verbalbegriffen: Infin., Supin. und Part. verbunden; denn fo — wenn auch nur in der römifchen Volksfprache — finden wir: visere ire (für befuchen gehen) Ter., cubitum ire, ultum iturus (Tac. Ann.) und errantem ire (Quinct. VI, 4, 17) populantes ire (Liv. II, 63). Wenn alfo z. B. das griech. χαίρειν c. part. mit aimer à f. qu. ch. und amare c. inf. unter einen Geficthspunkt gebracht worden ift: fo find diefe Verbindungen von Verben — behufs der adverbialen Beftimmung — wol der Form nach wefentlich unterfchieden,

---

*) Viele Adverbien find fogar aus diefen Participialformen entftanden, z. B. ellends ans eilend, ahd. ilonde, mh. ilende.

in Beziehung auf den Darstellenden aber ist die Bedeutung von „gern", welches hier die Beziehung der Thätigkeit zum Subjecte näher bestimmen soll, ein und dieselbe. So in allen andern Fällen.

§. 10. Anwendung von Verben zum Ausdruck von Adverbien, mit Verlust der ursprünglichen Bedeutung. Verstärkung des ergänzten Thätigkeitsbegriffs. Dass endlich in vielen Verbindungen von Verben ursprünglich eine temporale Beziehung ausgedrückt wird, in dem Sinne des Darstellenden aber doch eine modale Beziehung zu suchen ist, dass dagegen oft das Subject gleichsam adverbialiter characterisirt wird, die ergänzte Thätigkeit aber doch nur auf temporale Weise bestimmt wird, läfst sich ebenso beweisen als die oben gezeigte Vertauschung von Hilfsverben und Verben zum Ausdrucke derselben Bestimmungen. Wenn z. B. in *venir à f. q. ch.* ursprünglich eine Futurbedeutung liegt, so hat doch der französische Sprachgebrauch die Bedeutung von „zufällig, gerade" hineingelegt. Mit *partenir* und *arriver à* können wir sogar im Sinne der Darstellung eine noch andere adverbiale Bestimmung verbinden, so dafs wir z. B. *parvenir* mit *réussir à* vertauschen können. Und wenn wir durch *s'obstiner à* und ähn. das Subject characterisiren: so wird doch andererseits auch die Zeitdauer der damit verbundenen Thätigkeit bestimmt. (Vgl. Th. II. bei dief. Verben).

Es können also bei der Aufführung der Verben und Beispiele im II. Theile die temporalen und modalen Beziehungen nicht so streng geschieden werden, da zunächst die einzelnen Verba nach ihrer ursprünglichen Anwendung unter dem einen oder andern Gesichtspunkte aufzustellen find.

Schlussbemerkung. Nach alle dem, was ich im Allgemeinen über den Sprachgebrauch, die adverbiale Bestimmung der Thätigkeit oder des Zustandes oder der Beziehung des Thätigkeits- begriffes auf den Darstellenden durch ein Verbum auszudrücken, gesagt habe, werde ich berechtigt sein, in dem nun folgenden II. Theile verschieden verbundene Verben, je nach der temporalen oder modalen Bestimmung aufzuführen, um die mannigfaltigsten Adverbien — seien es Formwörter, seien es Begriffswörter — zu erhalten. Zu diesen gehören nun einerseits: „Nun, eben, gleich, sogleich, sofort, bald, sobald, alsbald, so eben, eilig, schleunigst, spät, anfangs, anfänglich, endlich, schliefslich, fortwährend, unaufhörlich, immer, unabläffig, gewöhnlich, in der Regel, nach und nach", ander- seits: „nicht, nicht mehr, etwa, vielleicht, beinahe, gerade, zufällig, umsonst, vergebens, vergeblich, nothwendig, nothgedrungen, gern, lieber, am liebsten, glücklich, glücklicher Weise, gütigst, gefälligst, gnädigst, einverstanden, unbedenklich, mühsam, hartnäckig, unermüdlich u. a." Dazu kommen noch: „dennoch, demungeachtet, nichts desto weniger, trotzdem u. a." *),

Endlich gehört hierher auch das, was sich über die Verstärkung eines Thätigkeitsbegriffes durch ein Verbum, im Sinne und in der Absicht des Darstellenden, sagen läfst, da eigentlich durch das Verb. fin. alsdann weiter nichts als eine adverbiale Bestimmung und Beziehung auf den Dar- stellenden ausgedrückt wird. Schon der Hebräer setzt zu dem Verb. fin. noch den Inf. abs, desselben Stammes, um gleichsam den Superlativ der bezeichneten Thätigkeit auszudrücken, die Thätigkeit also adverbialiter zu verstärken. Das griech. kommen und gehen verstärkt häufig nur die Thätigkeit, die damit verbunden ist. So: ᾤχετο φεύγων — er entfloh (mit der durch den Darstellenden hinzu- gedachten Bestimmung der größten Eile); und in εἶχται θνῄσκων liegt nichts als das wirkliche, gewisse Untergehen. Das zu *aller*, *être*, *tenir* in dieser Beziehung Gehörige vergleiche in dem nun folgen- den zweiten Theile. —

---

*) Diese letzteren, welche Matzner unter die Adv. der Kausalität rechnet, sind eigentlich keine reinen Adver- bien, sondern Conjunctionen mit adverbialen Beziehungen, da sie meistens auf Adv. des Modus: zwar und wol — wenn auch nur mitunter hinzugedacht — in einem vorhergehenden Satze zielen und daher die Beziehung der Sätze auf ein- ander vermitteln. Auch diese finden unter den französischen Verbal-Verbindungen ihre Vertretung. (Vgl. II. Th. am Ende.)

II. Befonderer Theil.

1. **Temporale Verbalbeftimmungen.** Unter diefen Gefichtspunkt bringen wir Verben, die in Beziehung auf den Zeitpunkt, die Zeitdauer oder das Sich erftrecken einer Thätigkeit durch einen Zeitraum, auf die feltenere oder häufigere Wiederholung, auf das Anfangen und das Beenden der Thätigkeit u. f. f. adverbiale Beftimmungen vertreten. Dafs dergleichen Verba gleichzeitig modale Beziehungen haben können und in Beziehung auf den Darftellenden zur verftärkenden Umfchreibung dienen, ift fchon gefagt.

A. *Aller (s'en aller).* Die einfachfte und häufig vorkommende Art, die Beziehungsverhältniffe der Thätigkeit zu einem Sein oder zu dem Darftellenden durch ein Verbum näher zu beftimmen, gefchieht durch „*aller*."

a. In Verbindung mit dem Infinitiv. Der Begriff des „Gehen" ift ganz verfchwunden und die Beziehung des beifolgenden Verbums auf das Subject wird in Rückficht auf die allernächfte Zeit näher beftimmt*). Es wird daher durch *aller* nicht nur die bloße Futurbedeutung ausgedrückt, fondern häufig auch die Abficht, das Wollen, wie durch das lateinifche Part. fut. act. mit effe, oder durch das griech. μέλλειν. Nicht immer werden alfo die fonft üblichen Adverbien: „bald, eben, fofort, fogleich" paffen, um das aller c. inf. auszudrücken. Sodann wird aber auch der Begriff des beifolgenden Verbums in Rückficht auf den Darftellenden näher beftimmt, indem nämlich die Thätigkeit recht lebhaft dargeftellt werden foll. Mitunter wird daher die adverbiale Kraft nicht durch einzelne Worte auszudrücken fein, fondern fie wird mehr im Vortrage des Sprechenden, wie in Reden und Dialogen, ruhen. *Je vais aller, sortir, écrire* heißt alfo: „ich bin im Begriff, ich bin eben dabei, ich habe die Abficht, ich will: aber auch, lebhafter ausgedrückt: „ich gehe eben, fchon; ich fchreibe fofort = ich werde auf der Stelle fchreiben." *Il va manger la bête:* er ifst fofort d. T. (Flor. fab. I. 16.) *Son neveu fut chargé d'aller annoncer au marquis de Tyr* (fofort anzuzeigen) Mich. cr. III. p. 170. *Il allait parler encore, lorsqu'un Italien lui dit:* er wollte eben noch fprechen, als sq. (Bernardin). *La mort va me saisir:* der Tod erfafst mich fchon, bald = er ift mir nahe. (Flor. II. 3.) *Il va chercher du lard* (alsbald, fogleich) Andr. *Fais du bruit, tu verras ce qu'ils vont devenir:* du wirft fehen, was fofort aus ihnen wird (Flor. II. 1.). *La lutte va recommencer acharnée:* der Kampf fängt bald wieder erbittert an. (*Buzanc. l'exp. d. Cr.*). *Au moment, où je vais être exilé peut-être:* wo ich bald verbannt fein werde. (Scribe Bert. et Rat. I. 6.).

In gleicher Kraft und Bedeutung fteht wol aller in: „*Le trépas ou l'esclavage allait être le partage des enfants de Romulus*" (entweder follte fein oder wurde bald.) Jouy (*la vestale*) und: „*tant de généreux efforts allaient être inutiles*" und: „*le sang allait couler pour venger cet outrage*" Mich. cr. I. 7 und 8. Noch zur größeren Verftärkung der Darftellung dient es in: „*N'allez pas après moi confirmer mes récits*" Volt. (ode au roi de Prusse). „*m'irai-je embarrasser d'infructueux projets, éveiller la malice; armer la calomnie*". Soll ich mich etwa mit unfruchtbaren Plänen verwirren, etwa die Bosheit erwecken, die Verleumdung bewaffnen? Andr. (*Volvier sq.*) So wird *aller* noch durch ein gleich darauf folgendes *courir* verftärkt in: „*Va, tyran furieux, va,*

---

*) Hiervon find die Beifpiele zu trennen, wo (wie bei venir) von einem wirklichen Gehen die Rede ift und der beifolgende Inf. den Zweck des Gehens enthält, wie: *Les troupeaux vont dormir in petz sous son ombre* (Arnault.) oder: *J'irai de Sans-Souci aux champs Elysiens parler à Marc-Aurèle sq.* (Volt. ode au roi de Fr.)

cours frayer la route aux tyrans" A. Chénier (O. à Charl. Cordey). Oder es wird mehrmals wiederholt in Thiers (*in État de la Fr. s. le min. Pér.*): *Les carlistes répétaient avec joie que la révolution allait suivre son cours habituel, que l'illusion d'une monarchie allait disparaître — et que nous allions revenir à Henri V.*" sq.

S'en aller c. inf. wird ebenso — noch mehr verstärkend — gebraucht, um die Bedeutung von „im Begriff fein, eben dabei fein" und die Adverbien: „fofort, alsbald, nun sq." auszudrücken. *Mais sans vous fatiguer de ma cérémonie je m'en vais vous donner de meilleure compagnie* Mol. (Mis. III. 5.). *Le jour s'en va paraître* Mol. (éc. des f. V. 1.) *Avec la liberté Rome s'en va renaître* (alsbald) Corn. Cinna l. 3. *Puis tu reviens, puis tu t'en vas encore luire ailleurs* = du leuchteſt alsbald wol noch anders V. Hug. — *Ces courses, ces visites, je m'en vais les fuire:* ich mache fie fogleich. Picard (Musard I. 1.). Auch im Engliſchen tritt *to go* an unzähligen Stellen ebenfalls adverbialiter beſtimmend oder vermittelnd auf, fo in erſterer Bedeutung: *„one of the noblemen went to see whether he was well or not."* W. Scott; fodann: *„a numerous army was levied to go to fight against them"*, W. Sc. Auch *he going to* sc. act. und pass. wird angewendet zum Ausdruck der nächſten Zukunft. Daſs der Begriff des Gehens ganz wegfällt und das im Infin. beifolgende Worte vermittelſt des Wortes „geben" durch die Adv. gleich, fogleich, fofort näher beſtimmt wird, indem der erſte Anfang einer Thätigkeit mehr hervortreten foll, finden wir auch im Griechiſchen, wie in: βῆ δ'ἴμεν, βὰν δ'ἰέναι, βῆ δὲ θέειν und im Lateiniſchen bei: ingredior, wie: ingr. dicere, mandare, facere, describere. *) (Cic.)

b. *Aller*, verbunden mit dem l'art. prés. mit und ohne „en", verliert feine Bedeutung von „geben", indem das im Part. ſtebende Verbum als Verbum finit. auftritt und nur das allmälig Erfolgende, das ſtetige oder auch ſtufenweiſe Zunehmen der Thätigkeit, die im Verbum liegt, ausgedrückt wird. *La voix grave allait roulant dans le silence des déserts:* Chat. *Le genre humain va en se perfectionnant* (vervollk. f. allmälig). *Le catholicisme était ma vie — je voulais le soulever de l'abyme où il va s'enfonçant chaque jour:* — aus dem Abgrunde, in welchen er täglich immer mehr und mehr verſinkt. (Lamen. à Mad. S.) *Je suis un de ces chevaliers qui vont cherchant les aventures* (die immerfort die Abenteuer fuchen) Flor. *Il allait chassant les Carthaginois devant lui et ruinant partout leur domination.* Rollin. (Pyrrh.)**)

Hiermit iſt das Italieniſche *andare*, mit dem Gerundium verbunden, zu vergleichen, durch welches auch das Progreſſive der Thätigkeit des im Gerundium ſtehenden Verbums ausgedrückt werden kann. Man fagt zwar: *egli va girando il mondo, Io vado cercando* (je vais chercher) um das: „im Begriff fein" des aller c. inf. auszudrücken, aber durch *egli va pensando, crescendo* sq. wird nur das allmälige Fortſchreiten der Thätigkeit ausgedrückt. So: — *e con delle scuri si andava partendo* = man zertheilte fie allmälig mit Aexten.

B. *Être.* Daſs an vielen Stellen: *être* die Bedeutung eines bloſs formalen Hilfsverbs verliert und — gleichſam an Stelle des *aller* — fowol mit dem Infin., als mit dem Partic. verbunden, nur dazu dient, um eine Thätigkeit (od. Handlung) lebhafter darzuſtellen und fchneller und eindringlicher zu vergegenwärtigen, wird von den Grammatikern aufgeſtellt. Häufig drückt *être* c.

---

*) Daſs durch ἔρχομαι c. part. fut. nicht die Abſicht oder der Zweck des Ganges (wie im Homer) angegeben wird, ſondern nur die Adv. „gleich, fofort" zu dem Verbum, als die Thätigkeit beſtimmend, hinzugedacht werden, wie im Her. ἔρχομαι λέξων = „ich will gleich erzählen" — könnte hierhergezogen werden.

**) Dagegen wol zu unterſcheiden Mol. Mis. I, 1: *j'observe cent choses tous les jours qui pourraient mieux aller prenant un autre cours.*

part. nur eine Umschreibung aus, durch welche der Sprechende den Zuhörer oder Leser spannen will. Im Deutschen finden wir mit dem Infin. eine analoge Redeweise, wie: „ich bin baden gewesen, ich war Ball schlagen." Man findet vorherrschend die vergangenen temps composés von *être* so angewendet und neuere Schriftsteller verwerfen den Gebrauch des défini in dieser Verbindung mit dem Inf. Dagegen: „*Pour lui il fut se coucher sur un sopha*" u. ebendaselbst: *Sur le midi nous fûmes nous asseoir sur le bord de la mer* (wir setzten uns eben an etc.) Bernard. (*le café de Sur.*) Aber: *Elle a été trouver le roi* und: „*ils ont été regarder jusque sous les lits (Dumas). J'ai été conduire un de mes amis à la diligence Lect. C'est lui-même qui a été le chercher à la ville.* Scribe. In *être à* liegt, ähnlich wie in *venir à*, das zufällige. So: *Un jour j'étais à me promener dans le jardin des Tuileries:* eines Tages spazierte ich gerade in dem Garten u. s. w., vgl. Gl. 1. Mit dem part. u. *en* verbindet z. B. Ségur (hist. de Nap.): *Ils se plaignaient que depuis la France leurs fatigues eussent été en augmentant et les moyens de les supporter en diminuant*" und will sagen: — dass ihre Mühseligkeiten sich immer mehr u. mehr vermehrt und die Mittel sie zu ertragen sich gleichzeitig vermindert hätten. Das englische *he* wird zwar nicht, dem entsprechend, mit dem bloßen Infin. verbunden, aber mit *to* u. Inf. drückt es in mannigfaltiger Weise nicht nur wie *être à* (*je suis à plaindre*, engl. pass.) die Nothwendigkeit und Pflicht, sondern auch die Möglichkeit periphrastisch aus, wo wir Adverbien an die Stelle treten lassen können.*)

Mit dem Partic. wird dagegen *he* verbunden, um die unvollendet fortdauernde Thätigkeit auszudrücken, in welche häufig eine andere Thätigkeit fällt. Hier tritt also eher eine temporale Beziehung ein. *Her uncle stopped her just as she was stepping into the York diligence* (eben) cf. Fölf. §. 262. Dagegen: *The writers who were living then* (die damals gerade lebten) Ch. Dick.

C. *Venir.* a. Mit dem Infinitiv. Es tritt uns hier dasselbe Verhältnis wie bei *aller* c. inf. entgegen. Die Richtung der Bewegung geht auf keinen Gegenstand über, sondern auf eine Thätigkeit, welche selbst eine Bewegung ist. So berühren sich beide Bewegungen, resp. Thätigkeiten unmittelbar und verschmelzen so in einander, dass durch *venir* entweder eine adverbiale Bestimmung, die den sofortigen Beginn der andern Thätigkeit — wie eben, sogleich, schnell, jetzt — ausdrückt, hinzugedacht wird, oder nur die Lebhaftigkeit der Darstellung erhöht wird, weil eben aus zwei Bewegungen gleichsam eine geworden ist.**) *La flèche vint percer mon cœur* = der Pfeil durchdrang sofort mein Herz. *La flotte vient surprendre la ville. Une légère pluie vient rafraîchir l'air embrasé* (alsbald) Mich. I, 22. *Il se sauve à la neige: il vient sécher ses vêtements* (bald, schnell trocknet er s. K.) *Chénier* (la retr.) *Le monstre bondissant vient aux pieds des chevaux tomber en mugissant* Rac. Phèdre V, 6. (Stürzt schnell, sofort nieder.) *Je ne viens pas pleurer sur sa cendre* = ich weine jetzt nicht über s. Asche. Thomas (éloge de M. Aur.) Zu gleicher Bedeutung wird auch s'en venir c. inf. gebraucht. Cf. La Font. fabl. VII, 3.

---

*) *It is to be supposed* (nothwendig), *he is to be invited* (nothwendig), *he is not to be pris ed* (keineswegs) *how am I to know it* (möglicherweise), *if he were to return to his country* (wenn er etwa zurückkehrte) W. S. *Macbeth began to think how he was to bring the rest to pass.* sq. W. S.

**) Man darf hier wiederum nicht die Fälle damit verwechseln, wo die Verbindung von venir c. infin. mehr causale Bedeutung hat, wodurch die Rede allerdings auch an Lebhaftigkeit gewinnt, wie Flor. II, 2: *Ne servente vient s'avertir — qui vient le prier und il vient s'asseoir sous son ombrage;* dagegen Mich. III, 1 *L'armée musulmane vient asseoir son camp aux lieux mêmes* sq.' Hiermit sind auch die englischen Stellen von *come to* zu vergleichen, wie: M. *mounted D. to come to visit him* und: *there came a messenger to tell him*, W. Sc., wo auch nur der Zweck des Kommens ausgedrückt wird.

Befonders lebhaft wird die Darftellung durch wiederholtes venir, wie Rac. Athalie I, IV (Chor): — *Venait-il renverser l'ordre des éléments? — venait-il ébranler la terre? — il venait révéler aux enfants des Hébreux — la lumière immortelle. Il venait à ce peuple heureux ordonner de l'aimer d'une amour éternelle.* Dafs im Englifchen come to inf. angewendet wird, um adverbialiter das baldige, fofortige Eintreten einer Thätigkeit auszudrücken, ficht man aus Stellen wie: *people supposed these witches could tell what was to come to pass* und *Macbeth, seeing a part of their words come to be true* (jetzt, nun). W. Sa. (vgl. Anm.)

Wenn wir im Lateinifchen venire mit dem Infinit. (Plaut.) venerat aurum petere oder (Liv.) quod legati venirent speculari dicta factaque (12, 25) verbunden finden, kommt wol mehr oder weniger die caufale Bedeutung in Betracht, doch ift wol nicht in Abrede zu ftellen, dafs dadurch die Darftellung an Lebhaftigkeit gewinnt.

Dafs im Griechifchen ἥκω φράσων, ἀγγελῶν sq. — wie ἔρχομαι (vgl. Anm. s'en aller), durch ich will oder werde fagen, bin im Begriff zu melden == *je viens dire, annoncer* wiederzugeben ift, vgl. Matth. Gr. 559. Auch wird an manchen Stellen durch φθάνειν c. part. der Begriff der Schnelligkeit ausgedrückt, womit die Haupthandlung eintritt; fo: οὐκ ἂν φθάνοις ποιῶν τοῦτο; == thuft du dieß nicht fogleich? — Und Aefch. Ctef.: φθάνουσι καταρεύγοντες == εὐθὺς καταφεύγουσι könnte durch „ils viennent s'enfuir" wiedergegeben werden. —

b. *venir de*. Leicht erklärlich ift die adverbiale Bedeutung von venir de c. inf. Der Infinitiv tritt alsdann immer als Verb. fin. der Vergangenheit auf und wird durch „eben, foeben" näher beftimmt. Venir felbft fteht immer im Präf. od. Imparf. Der Begriff des Kommens hört auf und der Begriff der Bewegung im Raume (von venir) wird auf den der Zeit übertragen, indem dadurch ausgedrückt wird, dafs durch das eben erfolgte Aufhören einer andern Thätigkeit eine neue Thätigkeit oder der Anfang eines neuen Zuftandes eben eingetreten fein mufs. Activ: *Les tirailleurs viennent de commencer le feu;* eben haben die Plänkler das Feuer begonnen Alex. D. (Nap.) *Indépendamment des trois peuples dont je viens de parler* — von denen ich eben gefprochen habe (Sism.) *Les côtes qu'il venait de quitter* Mich. *Ranimé par les succès que venaient d'obtenir les chrétiens* Mich., Paffiv: *La paix qui venait d'être jurée* — der eben gefchloffen war — alfo: die Thätigkeit des Friedenfchließens ift vorüber — der Zuftand des Friedens ift eingetreten. *Le marquis de Tyr qui venait d'être nommé roi de Jérusalem* (Das Ernennen zum K. ift alfo vorüber, der neue Zuftand ift eben eingetreten) Mich. cr. —

Dafs man für venir de auch ne faire que de in derfelben Bedeutung nehmen kann, beruht wohl darin, dafs, da jede Thätigkeit eine Bewegung ift, die allgemeinen Begriffe der Bewegung im Raume (wie aller und venir) und der Thätigkeit felbft (faire) fehr verwandte Begriffe find und auf diefe Weife mit einander verwechfelt werden. Die adverbiale Kraft wird durch ne-que noch gefteigert. So: *ce mattre ne fait que de sortir* für *vient des.* == ift fo eben erft ausgegangen, *il ne fait que de s'éveiller* = er ift fo eben erft aufgewacht.

c. *Venir à.* Wenn durch venir c. inf. die Gegenwart in der größten Nähe gefafst war, fo dafs die damit verbundene Thätigkeit als eben eintretend dargeftellt wurde und im Gegentheil davon „venir de" ein eben etwas Gefchehenes ausdrückt: fo drückt „venir à" etwas aus, was gefchehen foll — wird, kann, könnte: alfo den Begriff der Zukunft — aber mit dem modalen Nebenbegriffe der Möglichkeit, der Zufälligkeit. Daher wird es fehr häufig in Bedingungsfätzen angewendet und erfetzt die Adverbien: „gerade, zufällig, vielleicht, etwa." *Si le roi de Suède venait à mourir:* wenn er etwa ftürbe Ch. VII., V. *Ces troupes devaient se placer de telle manière que les chrétiens, venant à fuir* (welche vielleicht flöhen), *ne pussent se sauver vers la*

mort: Mich. cr. I. Apch a. pa ſſ. Si ce crime venait à être découvert = entdeckt werden ſollte
qu etwa entdeckt würde. Mol.") Intereſſant iſt es, den deutſchen Gebrauch von kommen mit zu zur Vergleichung heranzuziehen. Der Begriff des Kommens iſt eigentlich ganz verſchwunden und es wird nur dadurch eine Zufälligkeit, die durch die adverb. Beſtimmungen: "gerade, zufällig" wiederzugeben iſt, ausgedrückt. So ſagt Schiller: "Slawata kam auf einen Miſthaufen zu liegen." Manche Colberger, vielleicht auch andere, hört man ſagen: "Ich kam durch die Münder Straße zu reiten = ich ritt gerade durch die Münder Straße, und: "er kimmt zu gain auf dem Markte" heißt: "er geht gerade u. ſ. w."

Das engliſche come to paſst beſſer zu venir c. inf. (vgl. oben). Da aber durch venir à das zufällige Kommen zu einer Thätigkeit, das mögliche Eintreten einer Thätigkeit (eines Zuſtandes) ausgedrückt wird, das nicht gerade als eine Zeitbeſtimmung angeſehen werden kann, ſondern eine modale Färbung erhält: ſo möchte hieher beſſer die Anwendung des chance und happen zu ziehen ſein (wenigſtens mit derſelben Berechtigung als das griech. τυγχάνειν c. p.). If he chances to meet you = s'il vient à vous rencontrer. When they happen to be modest (Swift).. Who chances to be there? Wer iſt gerade da? I may chance to do it: vielleicht thue ich es. If you happen to look behind, you may obſerve a shappy headed youth intattered frize (Carlet.). If they do happen to overtake a perſonal acquaintance, they — keep walking on either by his side, or in front of him, as his rate if walking may chance to be. Ch. Dick.

Das griechiſche mit einem Partic. verbundene τυγχάνειν wird eben ſo durch die Adverbien: "gerade, zufällig" wiedergegeben: τίς ὅντε παραγενόμενος; wer war gerade anweſend? und Herod. I. 88: τὰ νοέων τυγχάνω = was ich gerade jetzt denke. Ebenſo gebrauchen die Dichter πυρῶ (Soph. Phil. 30.) cf. Matth. gr. Gr. 553, *δ.* —

Mit dem Particip finden wir *venir* nicht ſo verbunden wie aller. Während der Deutſche anſtatt: "er flog mir in die Arme": "er kam mir in die Arme geflogen" ſagt und der Grieche, zur Vermehrung der Lebhaftigkeit der Darſtellung: ᾤχετο ἀποπτάμενος Hom. und ᾤχοντο ἀποθέοντες Xen., könnten wir dieß im Franzöſiſchen nicht ſo mit dem Partie. ausdrücken. Dagegen ſind im Italieniſchen: venir detto, (f. être dit), venir fatto, veduto, trovato ſehr beliebte Ausdrücke.

V. parvenir (arriver). Wenn ich *parvenir*, als compoſé von *venir*, hier mit anführe, ſo gehört die adverbiale Anwendung desſelben — der Bedeutung nach — weniger in dieſen Abſchnitt der temporalen Beziehungen, als in den ſpäteren. Wenn das Verbum an ſich auch ein Hingelangen bedeutet (wie: *Annibal parvint au sommet des Alpes*) und, mit einem Verbum verbunden, es anzeigt, daſs dieſe Thätigkeit (die im Verbum liegt) jetzt, ſofort beginnt, ſo daſs ich durch *"je parviens à obtenir celle place"* bezeichne: ich gelange dahin, komme dazu, dieſe Stelle zu erhalten: ſo liegt doch, wie in *venir à* das zufällige Kommen, in *parvenir à* außerdem das glückliche Kommen zu einer Thätigkeit, das glückliche Eintreten einer Thätigkeit, das Gelingen, gleichwie in *réussir.* So: *Bonaparte parvint à renverser le directoire* = Bonaparte ſtürzte glücklich das Directorium. Sl. *Ney s'acharne à celle position, dont il parvient enfin à s'emparer;* Ney iſt erp. auf dieſe Stellung, deren er ſich endlich glücklich bemächtigt. Alex. D: (Nap: 100 j.) *Il parvint à déguger le cheval* und *après tant de travail, d'uvoir pu parvenir à placer un second étage.* Flor.

"*)* Dagegen: *Ainsi le docteur égaré par son ambition, à force de raisonner sur la première raison de toutes, choses, il s'ail venu à perdre la sienne et à croire que* (Bern. 8.) — war dahin gekommen zu verlieren und zu glauben, oder war nahe daran zu verlieren; == hatte beinahe verloren;

tabl. I. 14. — *Cependant un petit nombre parvient à tromper l'active vigilance des pêcheurs* Humb. (*pêche des Gymn.*) Auch *arriver à* können wir bei diefer Gelegenheit, in Vertretung von *parvenir à* anführen, da es auch, mit dem Verbum verbunden, das endliche, glückliche Eintreten in eine Thätigkeit ausdrückt. Daher ähnlich wie bei *parvenir*: „*Il roulait asservir la Turquie afin d'arriver à dominer l'Europe entière* — um fchließlich ganz Europa zu beherfchen. Bazanc. (*l'expéd. de Cr.*)

E. *Courir, voler, se hâter, se dépêcher, s'empresser (éclater)*. Um das fofortige Beginnen einer Thätigkeit, das *Eilen* zu einer Thätigkeit adverbialiter auszudrücken, finden wir für das einfache *aller* und *venir*, gleichfam comparative und superlative:

a. *Courir* und *voler* c. infin. Mit *aller* vgl. oben bei *aller*; „*ra — cours*" sq. Sodann: *Le czar partit soudainement pour courir éteindre lui-même une rébellion* — um felbft eiligft (fo fchnell als möglich) einen Aufftand zu erfticken. Volt. Ch. XII, c. 3). *Il vola venir à secours*, er kam eiligft (gl. im Fluge) zu Hülfe: Al. Dum. Nap. — *qu'un stoïque aux yeux secs vole embrasser la mort* — dafs ein St. fchleunigft den Tod erfafst. Chénier (*le j. capt.*)

b. *se hâter, se dépêcher, s'empresser (éclater)* de f. qu. ch. geben eine ganz ähnliche Bedeutung, da an den meiften Stellen der Sinn durch die adverbiale Auffaffung nur gewinnen kann, an andern diefe Auffaffung nothwendig erfcheint. (Vgl. hierzu: I. Th., §. 6). Zum Unterfchiede von den vorigen beiden Verben, können letztere ebenfo gut ausdrücken, dafs zu einer Thätigkeit, als dafs mit einer Thätigkeit geeilt wird. Der Darftellende kann ebenfo gut ausdrücken, dafs mit der Thätigkeit noch nicht begonnen, als dafs er mitten darin ift. Daher die Ausdrücke: *se hâter, se dépêcher*: eilig abreifen; *dépêchez-vous de sortir* = gehen fie eiligft hinaus; *il ne se hâtera pas d'y aller*: er wird fo gefchwind nicht hingehen, — *de le faire* — es nicht thun. Daher auch der tranfitive Ausdruck: *hâter quelqu. d'aller*: jemanden eilig forttreiben. *S'empresser de parler, de prendre la parole*: gefchwind, begierig das Wort ergreifen. (Auch *être pressé, empressé* de f. ähnlich gebraucht, wie: *ne soyez pas si pressé de parler* = fprechen Sie nicht fo fchnell). So: *Mais il se hâta de retourner à Antioche* Mich. cr. I. B.: *il se hâte de rencoyer Pagen avec des instructions pur le prince de Tarente* (er fchickte eiligft) Mich. cr. *Godefroy, Tancrède, le comte de Fl. se hâtèrent de se courrir de leurs armes*. Mich. *Chaque dieu s'empressa de l'orner de ses dons* Fl. I. 21, 3. *Eclater*, worin befonders die Bedeutung des Plötzlichen liegt, wird oft mit *de rire* verbunden gefunden. *Jupiter éclata de rire*: Jupiter lachte plötzlich los. *Ségur aîné*. Bem. In *s'empresser à* tritt mehr die Subjectivität in den Vordergrund, wie „beftrebt fein nach etwas": *s'empr. de* = „fich mit etwas beeilen": *il s'empr. à le 'se courir* = er ift eifrig darauf beftrebt ihm zu helfen: *il s'empresse de le sec.* = er hilft ihm eiligft. So: *les principaux de la nation s'empressèrent de se rendre auprès du héros* = begaben fich fchleunigft. —

Das englifche hasten to kann man in gleicher Bedeutung anwenden, um die Eile, mit der die Thätigkeit eintritt, adv. auszudrücken. So findet man viele Gefchäftsbriefe angefangen: „We hasten now to inform you: Wir benachrichtigen Sie eiligft sq. There was a friend of M. who hastened to communicate the angry expressions of the King to the thane of F. (W. Sc.) — Stärker ift der Ausdruck in: the priests thronged to take possession of his wealh: D. Pr. nahmen fchleunigft Befitz von f. (W. Irwing).

Das Eilen zu oder mit einer Thätigkeit erinnert an das lateinifche: festinare, maturare, properare c. infin., wo wir auch die beiden Thätigkeiten in eine mit der Beftimmung: eiligft, fchleunigft zufammenziehen können. So: properare ad se venire Caes. b. c. III. 33. und Scipionem properantem sequi (der da eiligft folgte id. c. 36.) Maturat ab urbe proficisci. Caef. de b. g. I, 7. Mat. pergere iter. Sall. Jug. Festin. migrare. Cic. ad d. VII, 23 und oro ut matures venire. Cic. Att. IV, 1. Sponte tamen properant alii subducere remos. Ov. Met. XI, 486 sq. — F. *Ne tarder pas à, n'hésiter pas à u. de f. q. c.* An die vorigen Verbindungen fchließt fich dem Sinne nach fehr leicht der Ausdruck *ne tarder pas à f.* od. *à être* in der adv. Bedeutung von „bald, fogleich" an. Wir dürfen nur folgern: Wer fich beeilt, zögert nicht, und wer nicht zögert, thut etwas nicht lange darauf, fogleich, bald. Daher auch *ne l. pas* angewendet wird, wenn das Subjekt eine Sache und das ergänzte Verbum im Paffiv fteht. Daher: *Ce crime ne tarda à être puni:* das Verbrechen wurde bald beftraft (blieb nicht lange unbeftraft). *La superiorité de nos batteries ne tarde pas à nous permettre de tenter l'assaut:* die Ueberlegenheit unferer Batterieen erlaubt uns bald den Sturm zu verfuchen; und *la place ne tarde pas à repondre avec une énergique rigueur.* Bazanc l'exp. de Cr. II, 6. *La paix ne tarda pas à être troublée* wurde bald geftört. (Mich. cr. III, 3.) Auch unperfönlich mit *de* angewendet in: *A cette scène il ne tarda pas d'en succéder une autre d'une-nature bien différente:* auf diefe Scene folgte nicht lange darauf (bald) eine andere von einer fehr v. Natur.

Das Subjekt ift zwar perfönlich, aber der baldige Eiutritt der Thätigkeit folgt ohne Zuthun desfelben in: *Nous ne tardâmes pas à le voir revenir dans un état de consternation:* bald fahen wir ihn zurückkommen sq. Pérou (Sej. à T.) *Le bâtiment de guerre açançait toujours et l'on ne tarda point à le reconnaître pour un brick français:* bald erkannte man es als — Alex. D. Nap. (Anm. (Ebner überfetzt: man konnte es bereits als eine fr. Br. erkennen). *La jeune fille* (Ch. Corday) *attend la récompense de son héroïque dévouement, elle ne tarde pas à la recevoir* (Jouy).

Das baldige, fofortige Eintreten einer Thätigkeit wird allerdings als von dem Subjekte abhängig gedacht in folg. Beifp. von *ne tard. pas* und befonders bei *n'hésiter pas*, welches fchon an fich bei Sachen und dem Paffiv nicht angewendet wird; doch liegt es in der Eigenfchaft des „Nichtzögerns, Nicht Bedenken tragens", dafs die Zeitbeftimmungen „bald, fofort" von dem Lefer oder Hörer aus dem Ganzen gewonnen werden können.

La plupart des croisés français ne tardèrent pas à le suivre: folgten ihm bald == ohne Zögern. Mich. III, 16. *Il accepta les conditions de Philippe, mais il ne tarda pas à s'en repentir.* Mich. III, 3. *Bohemund et Phirous ne tardèrent pas à se confier l'un en l'autre.* Mich. I, 11. Wenn: *il n'hésita pas (point) à répondre* heißt: *il répondit sans hésiter* — ohne Bedenken (auch ohne Anftoß), ift leicht die Beftimmung „fofort" zu finden. Eb. Mich. III, 16. *Plusieurs croisés n'hésitèrent point à attribuer au roi d'Angleterre un meurtre* — unbedenklich == ohne Weiteres, alsbald, fofort.

G. *Tarder, hésiter.* Wenn aus dem „nicht zögern, nicht bedenken" u. f. w. die adv. Beftimmung „bald, fofort, ohne Weiteres" gewonnen wurde: fo ift es leicht erklärlich, dafs, wenn die Negation bei diefen Verben fehlt, aus Verbindungen mit andern Verben die entgegengefetzte Bedeutung von „fpät" u. dgl. zu fuchen ift. Es tritt aber hier dasfelbe Verhältnis der beiden Verben ein, wie in der negativen Anwendung. Namentlich werden wir nicht umhin können, „hésiter à", als Verbum fin. ang mit dem Subjekt zu verbinden, wie: *Les soldats musulmans hésitaient à s'enfermer dans des remparts* und *hésiterez-vous à faire les mêmes sacrifices pour sauver la foi chrétienne* (in d. Ueberf. von „Bedenken tragen"). Mich III, 15 u. 2. Dagegen wird wol eine längere Zeitdauer bis zu dem Eintreten der Thätigkeit oder des „Zuftandes ausgedrückt in: *il tarde à venir* und *il a bien tardé à venir* == er kommt fpät und er ift fpät gekommen. *L'air tarde à se rafraîchir.* Flor. *Le journal tarda à paraître.* Auch: *le conseil hésitait d'entrer dans des mesures qui pourraient lui être funestes"* kann wol heißen: trat fpät in M. ein", wenn auch nicht die Thätigkeit des „Bedenkentragens" wegzuleugnen ift.

Nachdem wir die Verba betrachtet haben, die dergeftalt eine Bewegung ausdrücken, dafs wir zu einer Thätigkeit mehr oder weniger fchnell gelangen, — abgefehen davon, dafs zugleich

3

theils der Begriff der Zufälligkeit, des Unerwarteten, theils der des glücklichen Eintretens, theils des allmäligen Fortfchreitens, je nach der Art der Verbindung mit einem andern Verbum, im französischen Sprachgebrauch lag, fo dafs wir auf diefe Weife die adv. Beftimmungen „gleich, eben, gerade, fofort, alsbald, eilig, fpät u. f. f., aber auch „etwa, vielleicht, zufällig, glücklich, allmälig", durch die Verba ausgedrückt fanden, kommen wir zu folchen Zeitbeziehungen, die das Verharren in einer Thätigkeit, die dauernde Fortfetzung und die Wiederholung derfelben anzeigen, die an fich fchon die Begriffe des Anfangens und Aufhörens mit fich bringt, in fich enthält, fo dafs wir alfo nun die Anwendung von Verben betrachten, welche die Adverbien „zuerft. anfänglich, endlich, fchließlich, fortwährend, unabläffig, gewöhnlich, oft" u. f. w. ausdrücken.

H. *Commencer (débuter), finir, achever.* Wir faffen das „Anfangen und Aufhören" mit einer Thätigkeit unter einem Gefichtspunkte. Abgefehen von den fchwankenden Erklärungen des Unterfchiedes von *comm. de* u. *à* fteht feft, dafs *commencer par f. qu. ch*, od. *être* heißt: anfänglich, zuerft (im Gegenfatze zu einer andern Thätigkeit) und *finir par*: endlich, zuletzt, fchließlich etwas thun oder fein, indem man dieß vorher nicht that. *Il commença par rire et finit par pleurer:* Anfangs lachte er, zuletzt weinte er. *Je commençai par lui dire:* zuerft fagte ich ihm: *il finit par nous dire que:* zuletzt fagte er uns, dafs —

La vanité commence par ternir les bonnes qualités et finit presque toujours par les détruire. Flor. *Que Pyrrhus commençât par sortir d'Italie* P. follte zunächft (vor allem andern) aus l. ziehen. Roll. P. (10.) *Le peuple demandait l'abolition de la servitude: il commença par l'abolir lui-même dans ses domaines.* Desèze. *Il fallait commencer par éloigner de lui les troupes ennemies:* m. mufste d. feindl. T. anfänglich von ihm entfernt halten. A. Dum. (Nap. *En le livrant à la pitié des hommes on a commencé par lui crever les yeux* (man hat ihm zuerft die Augen ausgeftochen. Bel.)

Dafür auch débuter: *On débuta par prier Mr. de Beranger de son emploi* (Man beraubte zuerft H. Bér. feines Amtes. Dupin (plaid. p. Bér.) *L'arbre finit par être un arbre immense:* d. B. wird endlich ein ungeheurer B. Arnault (le chêne et l. b.) *Ils pourraient finir par le savoir:* fie würden es endlich wiffen k. Scribe (B. et R.) *L'ingratitude du peuple laisse sur son caractère une tache indélébile qui s'etend, le pénètre et finit par le corrompre* — und ihn endlich verd. Jouy. Dem d'abord entgegengefetzt in: *Bohémond qui les (trésors sc.) refusa d'abord par une espèce de pudeur et qui finit par les accepter avec joie* — und der sie zuletzt mit Freuden nahm. Mich. I, c. 5. — In achever de liegt nun nicht bloß das fchließliche Eintreten einer Thätigkeit, eines Zuftandes, fondern mit einer modalen Färbung das wirkliche, vollftändige, unumgängliche Eintreten; daher durch die Adverbien „vollends, vollftändig, ganz und gar" wiederzugeben. Der Unterfchied von finir ift befonders in Mich. III, cr. Ende cap. 15, wo es erft heißt: *„toutes ces démonstrations finirent par exciter des murmures — dans l'armée chrétienne"* und bald darauf: *Pour achever de reguigner la confiance des croisés* (um vollends, vollftändig das Vertrauen der Kreuzf. wieder zu gewinnen).

So dreimal kurz hintereinander in Pér. (obj. in timor) *ce dernier acte de générosité acheva de me concilier la bienveillance du roi, le commencement ayant achevé de me gagner la bienv. du bon vieillard* und *tant de générosité acheva de nous gagner tous les coeurs*, wo jedesmal von dem endlichen, vollftändigen Gewinnen die Rede ift.

Auch: *Il en chercher du lard, qu'il n'avait pas achevé de ronger:* Speck, den er nicht vollends, ganz und gar benagt hatte. Andr. (les deux rats.) *Enfin ce qui acheva de peindre les horreurs du fléau:* endlich was vollends den Schr. malt. Mich. cr. III, V. Die modale Färbung tritt befonders in den beiden letzten Beifpielen recht hervor und zwar in dem erfteren die durch ne-pas aufgehobene Wirklichkeit und im letzteren die vollendete Wirklichkeit.*)

---

*) Durch die Verbindung der griech. V. ἔρχομαι u. ὑπάγω c. part. wird auch eine adverb. Beftimmung:

J. Continuer, ne discontinuer pas, ne cesser, ne se lasser pas. Wenn von einem Sein angegeben wird, dafs es in einer Thätigkeit sich befindet und diefe Thätigkeit temporell dadurch näher beftimmt wird, dafs fie in einem fort, fortdauernd, fortwährend gefchieht: fo finden wir diefe Beftimmung häufig durch das Verb. continuer ausgedrückt. Doch wie für die Wörter der Eile die entgegengefetzten Begriffe des Zögerns und Bedenkentragens mit einer Negation angewendet wurden: fo hier für continuer die negirten discontinuer, cesser und se lasser. So wie tarder und noch mehr hésiter eine fubjektive und modale Beimifchung hatten: fo hier discontinuer, cesser und noch mehr se lasser. Dennoch liegt meiftens zu Grunde, dafs die ausgefagte Thätigkeit eine andauernde, ununterbrochene ift und dafs der Darftellende die Beziehung zum Subjekte temporell beftimmen will.

Ob man nun continuer mit *de* od. *à* c. inf. verbindet, (wovon ein Unterfchied in der Bedeutung von den Grammatikern fehr verfchieden augegeben, von einzelnen fogar ganz beftritten wird,[*]) ift in Beziehung auf die adverbiale Anwendung gleichgültig, wenn man folgende Stellen betrachtet: *Fidèles à l'esprit des temps passés ils (les Européens sc.) ont continué de regarder le royaume de Jérusalem comme un oeuvre du plus grand mérite* == fie haben fortgefetzt (beftändig) die Reife von J. als ein Werk des gr. Verdienftes betrachtet: Volney (Dés. de Jér.) On *continua à nommer libre l'état*: man nannte den Staat fortwährend frei: Sismondi. *Il se joint au mouvement rétrograde qui continue de s'opérer avec le même ordre et la même précision*: er fchließt fich der rückgängigen Bewegung an, die mit derfelben Ordnung und Genauigkeit fortwährend ausgeführt wird und *Ney n'en continue pas moins à s'avancer*: um nichts deftoweniger rückt Ney fortwährend vor. Alex. d. (Nap.) — *et l'orateur continua de garder sa place* (fortw.) Dupin (plaid. p. Bér.)

Das „nicht Nachlaffen" der ne coffer, und das „nicht Ermüden" des ne se lasser pas, zwar auf das Subjekt bezüglich, wird jedoch gleichzeitig eine Beftimmung des Prädikats in „ununterbrochen, unablässig, unermüdlich == fortwährend."

G. *de Lusignan ne cessa de réclamer ses droits à la couronne*: forderte unabläffig feine Rechte. Mic. III; *il ne cessait de défier les chrétiens* (er misstraute unaufhörlich = beftändig d. Chr.) Mich. *Les moines ne cessent de dire que la religion dépérit*: Volney. *Curieuses encore plus que timides elles ne cessaient de nous regarder* (unabläffig) Péron (le s-j. à T.) *Les Russes et les Grecs n'ont cessé de crier contre les empires Bazow. Les pèlerins ne cessaient de montrer leur valeur accoutumée* (unaufh.) und *On ne se lassait pas d'admirer les riches dépouilles des ennemis* (man bewundert fortwährend) und *on ne se lassait point de les interroger sur les maux qu'ils avaient soufferts* (unabläffig). Mich. cr. III, 12.

Endlich: *il n'a pas discontinué d'écrire, de travailler* == er hat ununterbrochen unaufhörlich gefchrieben sq. Der Engländer braucht fein continue, dem griechifchen Sprachgebrauch

zuerft ausgedrückt, wie ἄρχεται κακῶς ποιῶν τινα == er that Einem zuerft Unrecht, und ἐμὶ ὑπῆρξαν ἄδικα ποιοῦντες == mir thaten fie zuerft Unrecht. Herod. Es wird aber lediglich das Subjekt beftimmt (cf. I, §. 3.) und drückt nicht das „zuerft" des „commencer par" aus. —

[*] Wie verfchieden und zum Theil unverftändlich die Grammatiker den Unterfchied angeben, fehe man an Folgendem. Plotz: *continuer de* — fortfahren, — *à* fortf, indem man die Handlung zu einem gewiffen Ziele führt; Knebel: — *de* eine unterbrochene Thätigkeit; — *à* eine ununterbrochene; Gleim: während *de* die Thätigkeit des Infin. der Thätigkeit des Prädik. annähert, ftellt *à* die Thätigkeit des Infin. als entfernt dar; Mätzner: der Inf. mit *de* bezeichnet lediglich das Objekt als folches, der mit *à* das zu realifirende Objekt; Herzel: *de* fetzt man bei Handlungen, die Unterbrechungen geftatten, *à* bei ununterbrochenen Handlungen; Jacobi und andere endlich fuchen und finden gar keinen Unterfchied. — Mozin (im Lex.) fagt: *cont. à* ou *de* == *persévérer dans une habitude, pour suivre un travail entrepris. Il continua de crier, de pleurer, de marcher* == er weinte, marfchirte immerfort, immer weiter: *il continua à bâtir* == er baute fort, weiter. —

3*

ähnlich, mit dem Particip verbunden, um das Adv. „fortw., beständig" auszudrücken, z. B.: His wife continued telling him: fein Weib fagte ihm fortwährend (wie wir: lag ihm beftändig in den Ohren). W. Scott.

Annähernd könnte man aus dem Italienifchen das Verb. stare mit dem Gerundium hierher ziehen, indem dadurch das Verweilen bei einer Thätigkeit, oder ein fortdauernder Zuftand ausgedrückt wird: Signore, vi stava aspettando = m. H., ich erwartete Sie fortwährend; la lacrimosa guancia sta sulla destra riposando: die thränende Wange ftützt fich anhaltend auf die Rechte.

Aus dem Griechifchen müffen wir die Verba, die eine Fortdauer bezeichnen, als διατελεῖν, διάγειν, διαγίγνεσθαι und, mit einem Particip verbunden, durch Adverbien: fortwährend, beftändig u. f. w. wiedergegeben werden, hierherziehen. So: διατελεῖ πωρών: er ift beftändig da, ὅς ἄν αὐτῶν πλεῖστα ἔχων διατελῇ (der davon das Meifte fortdauernd hat) Her. I, 32: σκοπῶν διήγεν (er fann in einem fort) διαγίγνεσθαι ἄρχοντα (immerfort herfchend) διηγίνοντο δὲ τὴν νύκτα πῦρ καίοντες (fie zündeten fortwährend Feuer an). Xen. Cyr. V, 5.

K. *Avoir coutume und négliger.* Um das feltnere oder häufigere Wiederkehren oder Wiederholen einer Thätigkeit in verfchiedenen Zeiträumen zu bezeichnen, wenden wir bekanntlich im Allgemeinen die Adverbien: felten, bisweilen, häufig, oft, gewöhnlich an, und geben dadurch dem Thätigkeitsbegriffe eine temporale Beftimmung (vgl. I. Th.) Wenn ich nun im Franzöfifchen dafür zum Theil die Verbalbegriffe: avoir coutume und négliger anwende, fo dafs fie, mit einem Verbum verbunden, diefe temporale Bedeutung gewinnen: fo fehe ich hier ganz und gar von der fubjektiven Beziehung ab, und nur in diefem Sinne kann ich diefe Ausdrücke noch fchließlich in diefen Abfchnitt bringen. Sobald das Subjekt fpeciell dadurch beftimmt wird, fo dafs die damit verbundenen Verben nur Cafuserganzungen find: gehören diefe Ausdrücke nur zum folgenden Theile, wie zu aimer à und zu den Verben der Verneinung. (Vgl. hierzu Th. I über: pflegen, lieben u. f. w.) Alfo in dem Ausdrucke: „*ces arbres ont coutume de donner beaucoup de fruits:* diefe B. goben gewöhnlich viel Früchte" beftimmt der Darftellende ebenfo gut die Zeit, als wenn er fagt: fie geben jetzt, zukünftig. bald, fpäter, fortwährend, viel Früchte. *Le bois a coutume d'enchérir en hiver:* das Holz fchlägt gewöhnlich im Winter auf. *Cette cheminée a coutume de fumer quand le vent du midi souffle* (Gr. de. Ku.) *Quant au fleuce, lui-méme, il a moins d'importance que l'imagination n'a coutume de lui en donner* – mehr Wichtigkeit, als die Einbildung ihm gewöhnlich gibt. Voluey (décsr. de Jér.) Wenn ich *étre accoutumé à* und *avoir accoutumé de* sq. mit der Beftimmung des „gewöhnlich" anwende: fo habe ich doch, namentlich bei erfterem, mehr das Subjekt im Sinne. So: *il est accoutumé à ne faire qu'un repas:* er hält gewöhnlich nur eine Mahlzeit = feine Gewohnheit ift es, nur eine Mahlzeit zu halten. So: *il a accoutumé de se coucher tard — de se promener tous les jours:* er geht gewöhnlich fpät zu Bett — täglich fpazieren. So: *Voilà, disait-il, où ce sage vieillard avait accoutumé de manger.* Fénélon (Arift.) In entgegengefetzter Bedeutung finden wir *négliger de: il néglige de voir ses amis* = er befucht felten feine Freunde. In den meiften Fällen finden wir jedoch die Zeitbeftimmung verfchwunden.

Als eigenthümlich mufs hierbei die iterative Bedeutung des englifchen will erwähnt werden, wovon jedoch auch die fubjective Beziehung nicht ausgefchloffen ift. She will sit here for hours together without saying a single word (Gr. d. Föls.) Tom would not sleep in his room; T. fchlief gewöhnlich nicht in feinem Zimmer. Goldfm. — And made a great feast as a subject would do to make his king welcome. W. S.*)

Dem an die Seite ift das griech. *ἐθέλω* zu ftellen, welches bei den Attikern häufig die Be-

---
*) Vergl. hierzu Th. I: die Verwechfelung der Hülfsverba.

deutung „pflegen, gewohnt fein" erhält. 'Οπόσα ἡ γῆ φέρειν εἴωθεν == was das Land gewöhnlich hervorbringt. Dafür φιλεῖν (vgl. 2, P.)
Dafs das lateinifche solere adverbialiter wie saepe gebraucht wird, lehrt uns fchon der alte Zumpt. So Cic. de leg. II, 1: nam illo libentissime uti soleo. Dafs auch hier nicht die Angabe der Gewohnheit des Subjekts ausgefchloffen ift, verfteht fich von felbft. —

2. Modale Verbalbeftimmungen. Wie das Verhältnis des Prädikats fowol in Beziehung auf das Subjekt als auf den Darftellenden, durch Verba an Stelle von Adverbien, ausgedrückt wurde, haben wir im vorigen Abfchnitte gefehen. In dem nun folgenden werden wir fowol die Verba anführen, die das Verhältnis des Modus adverbialiter ausdrücken, als auch diejenigen, welche das Prädikat an Stelle eines adverbialen Begriffswortes näher beftimmen, fei es nun in Beziehung auf das Subjekt oder auf den Darftellenden.*)

L. *Cesser de, (négliger, finir, être loin, discontinuer).* Das Verhältnis der Nichtwirklichkeit der dargeftellten Thätigkeit wird zunächft durch die einfache Verneinung in Adverbien wie nicht, nicht mehr" ausgedrückt. Diefe werden im Französifchen, wie in andern Sprachen, durch mildernde Verba erfetzt, allerdings mit fubjektiver Beziehung, indem alfo von dem Subjekte ausgefagt wird, dafs es z. die bisherige Thätigkeit unterläfst, beendet oder die gedachte Thätigkeit verfäumt. So heißt: *Cesser de travailler, fermenl:* nicht mehr arbeiten, gähnen; *il a cessé de pleuvoir:* es regnet nicht mehr. *Ture cesse de mordre* (T. beißt nicht mehr) Flor. *Ils cessèrent d'être et de se dire mes amis:* fie waren und nannten fich nicht mehr meine Freunde id. *Alors les troupes Autrichiennes cessent de marcher en colonne:* die Oeftr. Tr. marfchieren nicht mehr colonnenweife. Alex. D. (Nap.) *Dès que je cessai de craindre pour elle* (Mad. de S.) *Un roi qui cesse de l'être — Desèze.* — So ähnlich: *Finissez de crier, mes amis:* fchreit nicht mehr. *Le paysan qui était loin d'être fatigué* — der B., der lange noch nicht müde war. *Je suis loin de vous en rouloir* - ich zürne Euch durchaus nicht. *Je discontinuerai de venir vous voir:* ich werde Euch fernerhin nicht mehr befuchen. *Dis-continuer de parler, chanter:* nicht mehr fprechen, fingen.

Befonders ift hier wol an die lateinifche Umfchreibung von „nolle" zu erinnern, wo man imperativifch höflicher fagt für „ne hoc feceris": noli hoc facere, f. ue me tetigeris: noli me tangere. In ähnlichem Gebrauche finden wir „parce", wie Liv. 34, 32: parce fidem jactare: prahle doch nicht mit der Treue; parce deprendere und parcite contemnere Ovid., und parce privatus nimium cavere. Hor. Od. III, 8. So kann wol auch „negligere" und desinere aliquid facere" mit: „etwas nicht mehr thun" wiedergegeben werden.

In ähnlicher adverbialer Bedeutung können auch die griechifchen Verben des „aufhören mit etwas und aufhören machen, ablaffen von etwas" u. f. w. c. part. angewendet werden. So: κιανύας μιθήσει. == Ἐπαύσατο == defijt. Here: *ἐπιλείπω λέγων* == dicere omitto: ἀπαγε αὐδῶν desine memorare. Cf. Matth. 550 d.

M. *Faillir* (c. inf., de, à) *penser* (c. inf.) *manquer* (c. inf. u. de) drücken in ihren adverbialen Bedeutungen: „beinahe, faft" eine indirekte Verneinung aus, indem bei der Ueberfetzung der mit jenen Verben verbundene Infinitiv als Verb. finitum im Conjunct. Plusquamperf. ausgedrückt wird. Es fcheint, als ob von einer Zeit die Rede wäre, indem man angibt, dafs der Zeitpunkt des Eintritts einer Thätigkeit oder eines Zuftandes „nahe" oder „faft" dagewefen fei. Doch

---

*) Wir müffen hier wiederholt an den im allgem. Theile gezeigten Unterfchied erinnern und z. B. die doppelten Beziehungen in dem Satze unterfcheiden: „Mein Freund ift gewifs todt" in: „Es ift meine gewiffe, beftimmte Ueberzeugung, dafs er todt ift" und: „Es liegt in der Natur des Freundes, alfo in dem Subjekte felbft — ganz abgefehen von meiner Ueberzeugung — dafs er todt ift."

verſchwindet die temporale Beziehung, indem eben durch jene Zuſammenſtellung von dem Darſtellenden angegeben wird, daſs auf irgend eine Weiſe oder aus irgend einem Grunde die Thätigkeit oder der Zuſtand des Subjekts nicht eingetreten iſt. So heißt alſo *il a failli mourir* (od. de. à vc.): er wäre beinahe geſtorben, aber er iſt nicht geſtorben. Der Darſtellende gibt alſo gleichzeitig die Möglichkeit an, daſs etwas hätte eintreten können. Ebenſo: *Nous avons pensé tomber dans l'eau* = wir wären beinahe in das Waſſor gefallen (d. h. wir haben gleichſam ſchon daran gedacht, daſs wir hineinfallen könnten; es iſt aber nicht geſchehen. *Il a manqué de renverser une bouteille* = er hat beinahe eine Flaſche umgeſtoßen (es hat gleichſam an der Wirklichkeit gefehlt) *cela a failli arriver:* dieß wäre beinahe geſchehen (iſt aber nicht). *Une pierre pensa m'écraser:* ein Stein hätte mich beinahe zerſchmottert. Auch c. Paſſ. u. Verb. pron. verbunden: *Il a failli être (à être) assassiné; il a manqué d'être tué; il a pensé se noyer et être noyé:* er wäre beinahe ertrunken (Acad.) *Mais cette proposition faillit à reculer les affaires pour un temps au lieu de les avancer:* aber dieſer Vorſchlag hätte die Angelegenheiten beinahe zurückgebracht. Volt. Ch. XII, c. 8. *Milliade après s'être revenu de la Chersonèse et avoir failli périr deux fois* — nachdem er beinahe zweimal umgekommen war. Roll. *Ce château gardait de terribles souvenirs, dans une de ses chambres il avait pensé perdre la vie dans l'autre il avait perdu l'empire* (die nicht eingetretene Wirklichkeit iſt hier der eingetretenen gegenübergeſetzt) Alex. Dum. Nap. — *J'ai manqué me trahir* = ich hätte mich beinahe verrathen. Scribe.

In ähnlicher Bedeutung finden wir im Engliſchen have like und be like to sq. angewendet. He had like to have lost his place: er hätte beinahe ſeine Stelle verloren; he was like to be killed: er wäre beinahe ermordet worden. Der Italiener drückt durch essere und die Präpoſ. per und den Infin. eine ähnliche Bedeutung aus, ſo daſs egli fu per morire = il pensa mourir; sono stato per cadere = j'ai pensé tomber. —

N. *Pouvoir, devoir, avoir à.* Die modalen Beziehungen der Möglichkeit und Nothwendigkeit wurden, wie wir im erſten Theile geſehen haben, außer durch beſondere Conj.-Formen, durch Hilfsverben oder durch Adverbien ausgedrückt. Daſs dieſe Hilfsverben im Sinne des Darſtellenden die Adverbien vertreten, ſo daſs alſo der Thätigkeitsbegriff in verſchiedener Möglichkeit oder Nothwendigkeit durch Hilfsverben, die im Deutſchen mit einander vertauſcht werden konnten, beſtimmt wurde, haben wir oben §. 4. 5. gezeigt. Hier bleibt nur noch übrig für das Franzöſiſche anzugeben, wie „pouvoir, devoir u. avoir à" behufs modaler Beſtimmung adverbialiter angewendet werden. Wir ſehen bei pouvoir von andern Bedeutungen ab und nehmen es alſo nur in der modalen Beziehung der Möglichkeit, wo es ſtellvertretend für d. Adv. in der Bedeutung: „vielleicht, leicht möglich" und mit der Negation für „unmöglich" angewendet wird.

So: *profiter, du mieux qu'il m'est possible, des petits talents que je puis avoir* (die ich vielleicht habe) Mol. Av. II, 5. *Quelques lecteurs pourront s'étonner qu'on ait osé mettre sur la scène une histoire* — (werden ſich vielleicht wundern) Rac. préf. zu Baj. *Le flattant que ce duc lui pourrait céder ses états* (ihm vielleicht abtreten würde) Volt. Ch. XII, 8. *Quoi que vous puissiez me prescrire, je ne saurai qu'obéir* Rouss. N. Hél. 2. — Der andern Bedeutung gegenüber in einem Satze: *Quelque juste pourtant que puisse être sa peine, je ne puis sans regret perdre un tel capitaine.* Corn. Cid II, 7. (Vgl. d. Oſterprogr. 53. Danz.) — Daſs in dem negirten pouv. das „unmöglich" ausgedrückt iſt, ſieht man aus *il ne pourra pas nier ce dont vous l'accuse:* (er wird unmöglich leugnen). Dafür findet man auch savoir (beſ. im Condit.) *Je ne saurais vous dire combien je suis charmé. La langue ne saurait expliquer, l'esprit ne saurait comprendre l'affliction du souverain pontife* (unmöglich) Mich. cr. III, 2. *Toutes ces raisons ne peuvent pas servir d'excuse* (alle dieſe Gr. dienen unmöglich als Entſchuldigung). Mich. cr.

Daſs devoir, wie das deutſche müſſen, die Beziehungen der natürlichen, moraliſchen und logiſchen Nothwendigkeit angibt und (nach §. 5) durch Adverbien: „nothwendig, nothgedrungen, gewifs u. f. f. ausgedrückt werden kann, fieht man aus Beifpielen, wie: *tous les hommes doivent mourir un jour* (nothwendig), *vous devez rester chez vous* (gezwungener Weife); *cet homme doit être bien riche* und *il doit faire bien froid* (gewifs, ficherlich). So: *Cela doit être la conversation* und *il doit venir aujourd'hui* (Scribe).

Ganz abgefehen von der phyfifchen Nothwendigkeit vertritt avoir à f. qu. ch fehr häufig, gleichwie im Deutfchen haben c. Sup. (vgl. §. 5. Th. I.) das V. devoir in der modalen Beziehung der Nothwendigkeit, fo dafs z. B. *J'ai à vous remercier, annoncer, dire* heißt ich habe Ihnen zu danken, anzuzeigen, zu fagen == nothwendiger Weife und zwar pflichtfchuldigft u. f. f. Auch für pouvoir finden wir es in: *vous avez à choisir*: ihr könnt wählen == wählt nach Belieben.

Endlich kann der Darftellende durch avoir à auch ein.Vorhaben ausdrücken und zwar mit der Nebenbeftimmung der Zufälligkeit, z. B. *Mais comme j'avais à sortir j'ai préféré venir vous trouver pour ne pas vous déranger* == aber da ich gerade (oder auch: fo wie fo) ausging, habe ich vorgezogen, Sie aufzufuchen. Leclerq, les interpr. 15 sc.

Der Engländer drückt die Möglichkeit und Wahrfcheinlichkeit nicht durch can, fondern durch may (might) aus; mithin they may do it == vielleicht thun fie es (wiewol der Darftellende dadurch auch ausdrücken kann: fie dürfen es thun): we may meet him to day: vielleicht begegnen wir ihm heute; she might not agree that == vielleicht ginge fie nicht darauf ein; you might not like it after you bought it: vielleicht gefällt es euch nicht, nachdem ihr es gekauft habt. Must, wofür namentlich in der Vergangenheit I had to, drückt die Beftimmung der Nothwendigkeit aus.

O. *S'obstiner, s'opiniâtrer, persister, insister, persévérer à f.* Wenn wir unter J Wortverbindungen angeben, durch welche die Thätigkeit als fortdauernd beftimmt wurde: fo gefchah dieß, abgefehen von dem Motive der Fortdauer, um eben die Zeitbeftimmung „fortwährend" feftzuhalten. In folgenden Beifpielen liegt der Grund der Fortdauer lediglich im Charakter des Subjekts, fo dafs durch die modale Beftimmung die Thätigkeit gleichfam motivirt wird. Wenn wir alfo durch die Verbindung obiger Verben mit einer Thätigkeit oder einem Zuftande die adverbiale Beftimmung „hartnäckig, beharrlich" u. f. f. erhalten: fo fragen wir nicht wie lange? fondern: „wie, auf welche Weife?" — und es wird mithin, im Sinne des Darftellenden, die Thätigkeit eines Seins fo gedacht, dafs dasfelbe „hartnäckig, feft, beharrlich" in der Thätigkeit ift. *Il s'obstine à le faire* == er thut es hartnäckig. *La fortune s'obstine à le poursuivre* == das Schickfal verfolgt ihn hartnäckig. *Conrad s'obstinait à demeurer dans la ville de Tyr.* == C. blieb hartnäckig in d. St. T. Mich. III, 15. *Qui s'obstine à rester collé*. Scribe. *J'ai voulu m'obstiner à vous être fidèle* == beftändig habe ich Euch treu fein wollen. Bac. *Il s'opiniâtre à soutenir cette erreur* == *il soutient avec opiniâtreté*. Acad. *Il proposa au prince Alex. de monter sur le trône, dont la fortune s'opiniâtrait à écarter son frère.* Ch. XII, 2. Ebenfo: *Il persévère à soutenir ce qu'il a dit. Il insista à demander cela* == er verlangt dieß durchaus. *Il persiste à nier cela* == er leugnet beharrlich. Acad. — Von ne se lasser pas haben wir unter H. gefprochen. Verftärkt werden diefe Beftimmungen noch durch die Verben travailler à und se tourmenter à f. „fich abmühen, abquälen etwas zu thun." So: *Il se tourmente à souffler dans un petit trou*, wofür bald darauf: *il souffle tant qu'il peut*. Flor. (l'Âne et la flûte). *Il était reservé — de travailler à introduire — la justice à la place de l'égoisme* (mit Mühe, Anftrengung, mit allen Kräften; Guizot, tabl. du 15. S.)

Der Engländer drückt ähnliche Beftimmungen aus durch Verbindung des persist n. in c. part, z. B. they persisted in sheltering and defending them == fie fchützten und vertheidigten fie hartnäckig. Ch. D.

Daſs im Latein. perseverare c. inf. ähnlich gebraucht wird, ſehen wir z. B. im Caes. b. civ. III, 27: ille a vallo non perseveravit discedere = beharrlich ging or nicht weg = unbeweglich blieb er ſtehen. Corn. Them. 5: bellare pers.: Liv. persev. urgere bello Carth. Auch Cic. verb. pers. mit facere. Im Griechiſchen finden wir die Verben „ausdauern, beharren„ wie ἀντίχεσθαι, καρτερεῖν u. ähnl, c. part. in Beiſpielen, wo wir leicht das Adverbium: beharrlich u. dgl. anwenden können. So Xen. Cyr. III, 2, 5 — καρτερῆσαι σπένδοντες. Plat. Gorg. p. 507 — ὑπομένοντα καρτερεῖν. So auch das οὐ κάμνειν wie ne se lasser pas (vgl. eb.) in: μὴ κάμῃς φίλον ἄνδρα εὐεργετῶν = thue unermüdet wol. P. *Aimer à* und *aimer mieux f.* und *haïr à f. (préférer).* So wie die vorigen Verben s'obstiner u. d. ü. dem continuer (J) entſprachen: ſo entſprechen die in dieſem und dem folg. §. zu behandelnden Verben dem avoir coutume (K). So wie dort die Wiederkehr der Thätigkeit (alſo der Zeit nach) in den Vordergrund trat, ſo berückſichtigen wir hier die Liebe und Neigung des Subjects zu einer Thätigkeit und haben dabei gleichzeitig das Motiv der Thätigkeit im Auge.*)
Wir drücken das *aimer à* durch gern, *aimer mieux* durch lieber und *haïr à* durch ungern aus. So: *aimer à jouer, boire, travailler:* gern ſpielen, trinken, arbeiten. Acad. *Combien j'aimais à voir los eau == wie gern ſahe ich dein Waſſer, Delille (la font.) Le nuil rafraichit le feuillage, où le vent aime à sommeiller.* Oliv. *C'est qu'il aime à rabaisser tout ce qui s'élève, Flor. Il aimait à se parer de l'uniforme.* Bazin. *La plupart des gens du peuple sont médisans: ils aiment à détruire la réputation de tout qui s'élève -- nous aimons à voir des tempêtes -- le peuple aime à raconter des histoires effrayantes — les honnêtes gens aiment à voir des tragédies* etc. Bernhard. Das Pflegen, die Gewohnheit iſt allerdings nicht ausgeſchloſſen, z. B. *elle aimait à prévenir les injures par sa bonté.* Schärfer wird die adverbiale Bedeutung in *aimer mieux: il aime mieux partir que de rester* == er reiſt lieber ab. *On aime mieux dire du mal de soi que de n'en pas parler. Il aima mieux périr que de se déshonorer.* Ac. *On aime mieux souffrir de véritables maux que d'avouer qu'ils en sont cause,* Flor. I, 18. (Ohne que) *J'aimerais pourtant beaucoup mieux avoir deux mille écus de rente.* Désaug. (Dopp. Inf.) *J'aimerais mieux être guillotiné qu'être guillotineur* (Ponsard). Auch mit le plus verbunden in: *M. de Staël est de toutes les femmes celle qui aime le plus à rendre des services* = die am liebſten Dienſte erweiſt. B. Conſtant.
Für *il n'aime pas à* ſagt man ſtärker: *il hait à* für „ungern". So: *Il hait à travailler le soir* — er arbeitet ungern des Abends. Für *aimer mieux* findet man endlich in gleicher Bedeutung *préférer. Je préférerais mourir que de le trahir:* ich würde lieber ſterben als ihn verrathen. *J'aurais préféré (de) rester au logis* = ich würde lieber zu Hauſe geblieben ſein. Acad.
Der Engländer drückt durch „like to" unſer „gern" aus. We do not like to meet with him = wir treffen nicht gern mit ihm zuſammen. I do not like to lay heavy wagers = ich wette nicht gern hoch. He liked to dwell upon the subject = er verweilte gern bei dem Geſchäfte. We should very much like to know = wir würden ſehr gern wiſſen. Ch. Dick.] Most of women like more to adorn their bodies than their souls = la plupart des femmes aiment mieux parer leurs corps que leurs âmes. Für like more auch prefer c. part. in: I prefer walking: ich gehe lieber zu Fuß. Ch. D. — Der Italiener ſagt dilettarsi di fare, um unſer „gern thun" auszudrücken.
Daſs im Latein. amare fac. al. für „gern thun" angewendet wird, zeigen viele Beiſpiele, namentlich im Vulgärlatein, doch auch bei Salluſt. Jug. 34, 1, Quinct. IX, 3 cf. Horaz an vielen Stellen, z. B. III, 16, 9: aurum per medios satellites ire amat; III, 8, 24: tecum vivere amem III, 8, 25. Häufig wird auch die Ueberſetzung von „pflegen, gewöhnlich" vorzuziehen ſein: ut apud deum fieri amat (Auson.) In dieſer Bedeutung findet man ſogar in ſpäterer Zeit diligere, wie pira nasci diligunt. (Pallad.) — Auch im Griech. finden wir φιλεῖν c. inf. in letzterer Be-

---
*) Vergl. hierzu, was allgem. Th. §. 9 über pflegen und lieben geſagt iſt.

deutung, bei Homer zwar noch nicht, fehr häufig aber bei Herod. οἷα φιλέει γίγνεσθαι (VIII, 128) und im Pind. Nem. I, 11: μεγάλων δ'ἀέθλων Μοῖσα μεμνᾶσθαι φιλεῖ. Dagegen werden die Verba χαίρειν, ἥδεσθαι, ἀγαπᾶν, ἄχθεσθαι c. part. durch gern, ungern überfetzt. Hom. Il. XIX, 185: Od. XIV, 377: Eur. Hipp. 7. Soph. Phil. 879: ἥδομαι μὲν δ'εἰσιδών u. Phil. 673: οὐκ ἐχθομαί σ'ἰδών τε καὶ λαβὼν φίλον. —

Q. Mit dem Vorigen hangen fehr eng zufammen die Verb. *se plaire, s'amuser, être aise, bien aise, avoir le désir, désirer, souhaiter* und *vouloir* (letztere namentl. im Cond.) und *daigner (dédaigner)*, um die adverb. Beftimmungen: gern, fehr gern, nach Gefallen, nach Belieben, nach Wunfch, gütigft, gnädigft u. ähnl. auszudrücken. *La jeunesse se platt à changer de séjour* = die Jugend verändert gern den Aufenthalt. Flor. *Les sauvages se plaisent à se reposer mélancoliquement sur le bord de la mer.* Bernard. *J'ai vu à Dresde — de belles statues que les soldats Pr. s'élaient amusés à mutiler* (zum Vergnügen) id. *Je lui demandais s'il ne serait pas bien aise d'y venir avec moi* (fehr gern) Pér. *Je désirerais de vous servir* = ich würde Euch gern dienen: *je souhaiterais d'avoir une charge* = ich würde gern ein Amt haben; *je voudrais m'enrichir* = ich würde mich gern bereichern. Flor. *Mes soldats — je voudrais les épargner* ich würde fie gern fchonen. Beauch. *Ces machiaréliques raisonnements qui voudraient nous arrêter dans la noble carrière qui nous est tracée* (gern) Boissy d'A. — So könnte man im Englifchen: he longed to be alone — er wäre gern allein überfetzen. Auch das lateinifche cupere und velle ift oft adverbial zu fallen: Cic. Verr. IV, 12: Hor. Sat. I, 9 14: Phaedr. I, 20: quaerit cur sic mentiri velit. Auch das griechifche *ἐθέλειν* (oben in der Bedeutung von gewöhnlich) hier in der Bedeutung von gern, freiwillig: Xen. Hier. δωρεῖσθαι ἐθέλουσι = fie geben gern, freiwillig Gefchenke."

Daigner wird in der Bedeutung von freundlichft, gütigft, gnädigft, befonders imperativifch gebraucht. Aehnlich wie *veuillez me dire* fagt man *daignez me dire* = fagen Sie mir gütigft. So läfst Guirard (le Sav.) einen armen Savoyarden die Vorübergehenden bitten: *Vous qui passez daignez me secourir* (gütigft). *Daignez chanter pour nous instruire*. Flor. III, 16. *Daignez l'accepter*: id. *Si vous daignez nous les rendre (les prisonniers* sc.) (gütigft). Mich. *O Dieu daigne jeter un regard de miséricorde sur les armées chrétiennes* (gnädigft). Mich. III, 3. *Et que ce Dieu daigne instruire lui-même* (gnädigft). Racine.

R. Schließlich find hier noch einige andere Verbindungen von Verben anzuführen, in denen der beifolgende Infinitiv den Hauptbegriff ausdrückt, das Verb. fin. aber feine Bedeutung verliert und nur als adverb. Beftimmung dient, um die Beziehung der Sätze auf einander zu vermitteln. Man mufs in der Ueberfetzung alsdann häufig eine adverbiale Conjunction anwenden, wie dennoch (pourtant, néaumoins), die fich meiftens auf ein hinzugedachtes Adverb. in dem andern Satze bezieht. Vgl. über die conjunctionellen Adverbien Beck. Sch. Gr. §. 203.

a. *Ne laisser pas de* — meiftens im Nachfatz, wo dem Verbum das Adv. „demungeachtet, dennoch, nichtsdeftoweniger" beigefügt wird. *Il fut réduit à boire de notre mauvais tafia qu'il ne laissa pas de trouver excellent* (den er dennoch vorzüglich fand) Pér. *Il ne laissa pas de partager son armée en deux corps* (dennoch theilte er u. f. f., nicht als Nachfatz, aber doch auf den vorhergehenden Satz bezogen). Rollin Pyrrh. 21. *Celte proposition ne laisse pas d'être vraie* = ift darum doch wahr. Gl. Gr. 241.

b. *Avoir beau f. qu. ch.* = vergebens, immerhin; im beifolgenden Satze müffen wir „doch, trotzdem" ergänzen. *Il a beau crier, je n'en ferai rien* = er fchreit vergebens, ich werde doch nichts davon thun. *Vous avez beau dire, je ne consentirai jamais*. Gl. *Le colon q beau donner aux montagnes des noms — ces noms perdent bientôt leur attrait.* Alex. H. *Il avait beau prier, on n'y fit pas attention* = er konnte immerhin bitten, man achtete doch nicht darauf. Mol.

c. *N'empêcher pas.* Durch das verneinte empêcher wird im Gegenfatze „dennoch, nichtsdeftoweniger" ausgedrückt. *Cela ne m'empêcha pas de m'amuser beaucoup* = je ne m'en amusais pas moins = darum unterhielt ich mich dennoch. *Cela n'empêche pas de le recevoir* = deshalb können Sie ihn dennoch annehmen. (Cf. Ofterprogr. Marburg, 1859).

d. *Ne pouvoir s'empêcher de f. qu. ch.* Diefe Verbindung gibt, in Beziehung auf das Subjekt, aber auch in der Bez. auf einen andern Satz, die Beftimmung der Nothwendigkeit an, womit eine Thätigkeit eintritt, und drückt aus unser: nicht umhin können, zu thun = nothwendiger Weife thun. *La vue d'un fils, que je ne puis m'empêcher d'aimer* = den ich zu lieben nicht umhin kann = den ich doch lieben mufs. Fen. Tél. *Les Romains prenaient ombrage des vertus, qu'ils ne pouvaient s'empêcher d'admirer* = d. R. fchöpften Verdacht aus den Tugenden, die fie doch nothwendig bewunderten. Vertot. — Der Engländer hat eine ähnliche Verbindung mit help od. forbear c. part. I cannot help thinking = ich kann nicht umhin zu glauben. He could not help admiring. We could not forbear giving him this advice. I cannot forbear finishing my work. —

Bem. Es wären noch viele Gallicismen in diefer Hinficht anzuführen; doch will ich nicht fo weit gehen, wie die Bemerkung im Ofterprogr. N. Stettin 1854, wo es heißt: „*voyons le venir!* möge er heran kommen = komme er nur heran! So wird voir auch eins der Verben, welche Adverbes vertreten." —

Zum Schlufs fei es mir aber noch erlaubt, in Beziehung auf den behandelten Sprachgebrauch, das Wort des Philologen G. Hermann anzuführen: „*Quamquam usus in omnibus linguis licenter dominari solet, non est tamen, quod quidquam in hoc genere tam temere fieri existimemus, ut non ad sensum aliquid intersit, sic an aliter loquare.*" —

Schulnachrichten.

A. Chronik der Anstalt.

Das gegenwärtige Schuljahr begann den 5. April 1864 und wird den 6. April 1865 geschlossen werden. Die Ferien währten zu Pfingsten 14.—18. Mai, im Sommer 7. Juli — 8. August, zu Michaëlis 1.—10. October, zu Weihnachten 24. Decbr — 4. Januar.

Infolge des schon im vorigen Programm S. 25. gemeldeten Abganges der Herren GL. Fröhde, Maler Langerbeck und Cand. Zander traten mit Beginn des Schuljahrs drei neue Lehrer ins Collegium ein, nämlich die Herren Johannes Jacob, Cand. theol. u. d. höh. Schulamts, als siebenter ordentlicher Lehrer*), Cand. theol. Erich Haupt aus Stettin als 1. wissensch. Hülfslehrer, und Maler Oswald Baumgarten aus Berlin als Zeichen- und Schreiblehrer. Eine weitere Veränderung trat zu Michaëlis ein, da der Cand. phil. A. Andre ausschied, und die bisher von ihm proviforisch verwaltete zweite wiss. Hülfslehrerstelle dem Candidaten der Philologie Hrn Heinrich Lutze aus Niemegk übertragen wurde. Leider steht uns kommende Ostern bereits wieder ein Verlust bevor, nachdem Hr GL. Jacob eine ordentl. Lehrerstelle an der Königlichen Realschule zu Berlin angenommen hat.

In den Ordinariaten trat ein Wechsel insofern ein, als bei Beginn des Schuljahres Hr Dr Meffert die Tertia der Realschule, Hr Dr Fiedler die Quarta — und Hr Jacob die Quinta des Gymnasiums übernahm.

Der Gesundheitszustand der Lehrer und Schüler war im allgemeinen ein befriedigender. Doch waren die Herren Dr Schultze, Dr Meffert, Cantor Schwartz und Lehrer Rutzen zeitweilig, zuletzt auch der Berichterstatter zwei Tage, wegen Unwolseins zu vertreten. In persönlichen Angelegenheiten waren die Herren Dr Pfudel, Dr Reichenbach, Dr Willert und Cand. Haupt je ein paar Tage abwesend, desgleichen der Berichterstatter 1.—4. Juni als Abgeordneter zur Provinzialversammlung des Gustav-Adolf-Vereins, und schon vorher amtlich 19.—21. Mai aus Anlass der zu Stettin stattfindenden Directorenconferenz. — Von den Schülern wurden einige durch langwierige Krankheit auf längere Zeit dem öffentlichen Unterrichte entzogen: der Quintaner Wilhelm Hackbarth hat erst seit Neujahr die Schule wieder besuchen können, der Vorschüler Friedrich Puchstein ist während des ganzen Schuljahres nicht erschienen. Am 29. August starb der achtjährige Vorschüler Paul Neumann an dem damals in der Stadt sehr grassierenden Scharlachfieber. Lehrer und Schüler geleiteten die Leiche den 31. d. M. Nachmittags zur Ruhestätte und gedachten des so

---

*) Johannes Jacob, geboren 7. Januar 1839 zu Gatterstedt bei Querfurt, vorgebildet auf dem Gymnasium zu Halberstadt, studierte in Jena und Halle Ostern 1858—62 Theologie und Philologie, trat dann in das mit dem Pädagogium des Klosters Unser Lieben Frauen zu Magdeburg verbundene Convict ein und bestand Ostern 1864 das Examen pro facultate docendi. Vereidigt wurde er hier 11. August desselben Jahres.

früh abgerufenen nach gewohnter Weife in der nächftfolgenden öffentlichen Andacht. Möge der himmlifche Vater den trauernden Eltern Seinen Troft gefpendet haben über den Verluft eines Sohnes, der auch bei Lehrern und Mitfchülern nur ein gutes Andenken hinterlaffen hat!

Desgleichen wurde den 5. Februar d. J. der ebenfalls achtjährige Vorfchüler Friedrich Heynich feinen Eltern durch einen plötzlichen Bräuneanfall entriffen, und von uns feine Leiche am 9. d. M. zur Ruheftätte geleitet — ein in gleichem Grade für uns fchmerzliches Ereignis, um fo mehr als auch diefer Knabe zu den Schülern gehörte, welche die Freude ihrer Lehrer find.

Erwähnen will ich endlich an diefer Stelle, dafs der am 31. Juli v. J. zu Brandenburg a. H. verftorbene 1. Oberlehrer dortiger Ritterakademie Fr. Guft. Scöppewer, geboren 1829 zu Spremberg, früher von Novbr 1851 — Novbr 1852 als Vorfchullehrer und Hülfslehrer an hiefiger Realfchule thätig gewefen ift. Wir verweifen über ihn und fein fpäteres erfolgreiches Wirken auf die *Gedächtnisrede von Dr Ernft Köpke, Brandenburg bei J. Wiefike 13 S. 8.*

Die gemeinfamen Andachten wurden wie bisher abgehalten, Montags zur Eröffnung der Schulwoche vom Conrector Dr Fifcher, GL. Jacob, Cand. Haupt und Oberl. Sägert, die Schlufsandachten vom unterzeichneten. — Im übrigen find folgende bemerkenswerthe Tage und Ereigniffe zu nennen.

Am 18. Juni unternahmen eine Anzahl Schüler der oberen und mittleren Klaffen unter Leitung und Begleitung des Turnlehrers und einiger anderer Lehrer eine zwar nicht durchweg von heiterem Wetter begünftigte, aber doch recht lohnende Turnfahrt nach dem Camper See und Treptower Deep. Gleichzeitig wanderten mehrere andere Lehrer mit den unteren Klaffen (Quinta, Sexta, Vorfchule A) in den Stadtwald und brachten den Tag dort mit Spielen zu. Die Nichtturner fowie die andern an der Theilnahme verhinderten Schüler wurden inzwifchen in den Klaffen mit Arbeiten unter Auffcht befchäftigt.

An der Feier der Enthüllung des Denkmals Friedrich Wilhelms III. vor hiefigem Rathhaufe (vom Bildhauer Frdr. Drake gefertigt) am 2. Juli nahmen infolge befonderer Einladung des betreffenden Comités die meiften Lehrer fowie Vertreter der Klaffen theil.

Vom 12.—18. Auguft fand die fchriftliche Prüfung von fieben Gymnafial-Abiturienten ftatt, deren fechs fich dem am 3. Septbr. abgehaltenen mündlichen Examen unterzogen. Einer wurde von demfelben ganz dispenfiert; von den übrigen noch drei — alfo im ganzen vier, für reif erklärt, f. die Namen unten im Abfchn. *Abiturienten.*

Die Entlaffung derfelben fand den 20. September vor einem Kreife von Gäften ftatt. Nach einem lateinifchen Vortrage des Abiturienten A. Maager redete der Abituricnt Fr. Heyfe deutlich über die tiefere Bedeutung des Haufes, und fprach im Namen feiner Freunde Worte des Abfchiedes, denen als Vertreter der zurückbleibenden der Primaner W. Karbe erwiderte, indem er zugleich das von den abgehenden in der fchriftlichen Prüfung behandelte Thema über den Begriff der Bildung feinerfeits befprach. Der Berichterftatter leitete fodann den Entlaffungsact felbft ein durch eine Rede über die Vorzüge der Vertrautheit mit den alten Schriftftellern, und rief den fcheidenden Melanchthons Spruch zu *Quum animos ad fontes conlueritis, Christum sapere incipietis.*

Am 23. October (22. n. Trin.) begingen Lehrer und Schüler die Feier des heiligen Abendmahls in der St. Marien-Domkirche. Wie früher fühlt fich der unterzeichnete zu der dringenden Bitte veranlafst, dafs die Eltern der confirmierten Schüler ihren Söhnen die Theilnahme an diefer der Schulgemeinfchaft unentbehrlichen Feier erleichtern, beziehentlich fie dazu auffordern, vielleicht auch nach Umftänden fich felbft anfchließen möchten.

In den Tagen vom 28. October bis 2. November unterwarf der Königl. Prov.-Schulrath Hr

Dr Wehrmann auf Antrag der Wollöbl. Städt. Behörden die Realklaffen faft in allen Lehrgegenftänden einer Revifion, und theilte in einer am Schluffe derfelben abgehaltenen Conferenz den Lehrern neben mancherlei Winken über die Behandlung der einzelnen Difciplinen als Ergebnis mit, dafs er fich entfchloffen habe, fchon jetzt die Erhebung der Anftalt zu einer Realfchule erfter Ordnung feinerfeits zu befürworten. Infolge der hierdurch gegebenen Anregung wurde von den Wollöbl. Städt. Behörden eine nochmalige Erhöhung der Gehälter einzelner Stellen befchloffen, und nunmehr durch Minifterialverfügung vom 11. Febr. 1865 die Realfchule zu Colberg als eine folche erfter Ordnung förmlich anerkannt, wobei das genannte Datum als *Terminus a quo* bezeichnet wurde. Das weitere fiehe im *Schlufsabfchnitt*.

In der Woche vom 30. Januar — 4· Februar 1865 wurde die fchriftliche Abiturientenprüfung des Gymnafiums, welcher fich fieben Primaner unterzogen, — und gleichzeitig die der Realfchule, welcher fich ein Primaner unterzog, abgehalten.

Am 6. Februar als am Dorotheentage wurde das Andenken an die Wolthäterin Frau Dor. Crolow ftiftungsmäßig gefeiert. Die Rede des *Rector scholae* hatte die Zeit des Div. Hollatz und die kirchlichen Verhältniffe jener Zeit in Colberg zum Gegenftande.

Am 25. Februar fand die Gedächtnisfeier des an diefem Tage vor 140 Jahren in Colberg geborenen Dichters K. W. Ramler in der jetzt herkömmlichen Weife ftatt. Der Vorftand des Vereines (Hr Juftizrath Götfch, Hr Hofpred. Stumpff und der Berichterftatter) hatte ein erft auf der Univerfität zu erhebendes Prämium von 30 Thlrn als Preis für die befte Bearbeitung des Themas *Warum ift der Krieg ein Lieblingsthema für die Dichter?* ausgefetzt, und die Arbeit war am 9. Decbr von der älteren Generation der Gymnafialprima in Claufur angefertigt worden. Bei der Feier felbft wurden zuerft einige Gedichte Ramlers vorgetragen, fodann vom unterzeichneten der erforderliche Bericht über den Verein und die vom Vorftande vollzogene Cenfur der Concurrenzarbeiten gegeben, und hierauf vom Vorfitzenden (nach Oeffnung des Mottozettels) der Primaner Wilhelm Karbe aus Berlin als Empfänger eines Acceffit von 25 Thlrn. proclamiert). Diefer trug dann feine Arbeit vor; die Feier fchlofs mit einem Gefange des Schülerchors unter Leitung des Herrn Cantor Schwartz.

B. Schreiben und Verfügungen des Königl. Prov.-Schulcollegiums
von allgemeinerem Intereffe.

Vom 6. April 1864: Nach dem vom Hrn Finanzminifter unterm 7. Febr. veröffentlichten *Regulatic für die Königl. höh. Forftlehranftalt zu Neuft. Eberswalde* kann die Zulaffung zu diefer Laufbahn nur denen geftattet werden, welche 1) das Zeugnis der Reife von Gymnafien oder Realfchulen 1. Ordn. mit unbedingt genügender Reife in der Mathematik erworben haben, 2) das 23. Lebensjahr noch nicht überfchritten haben, 3) einen kräftigen, namentlich in Bezug auf Geficht und Gehör fehlerfreien Körper befitzen, 4) über tadellos fittliche Führung fich ausweifen, und 5) den Nachweis der erforderlichen Subfiftenzmittel führen.

Vom 24. Mai: Mittheilung der Minifterialverfügung vom 18. Mai, die Aufnahme ins Kgl. Gewerbeinftitut zu Berlin betreffend. Diejenigen Schüler, welche fpäter auf dasfelbe überzugehen beabfichtigen, follen fich bei Zeiten eine genügende Fertigkeit im Freihand- und Linearzeichnen aneignen.

Vom 25. Juni: Miniſterialverfügung vom 5. Juni in Bezug auf Einführung neuer Schulbücher. Anträge der Art follen ſtets bei Beginn des Schuljahres geſtellt und dabei angegeben werden, wie lange das abzuſchaffende Buch in Gebrauch ſei, warum man es zu wechſeln wünſche, welches die Vorzüge des neuen Buches, und welches die Preiſe beider ſeien.

Vom 2. Juli: Miniſterialverfügung vom 24. Juni. Im nächſten Gymnaſial-Verwaltungsberichte (1862—64) ſoll das Maß der altklaſſiſchen Lectüre in den oberen Klaſſen beſonders ins Auge gefaßt werden.

Vom 15. Juli: Durch Miniſterialverfügung vom 7. Juli wird Fromms kleine lat. Schulgrammatik für Realſchulen empfohlen.

Vom 27. Auguſt: Entwürfe zu neuen Inſtructionen für Lehrer überhaupt, für Ordinarien und für Directoren werden mitgetheilt und Gutachten darüber erfordert.

Vom 26. October: Bei Gelegenheit der allgemeinen Volkszählung wird dießmal auch von den höheren Lehranſtalten eine genaue Ueberſicht aller ſchulpflichtigen (noch nicht 14 Jahr alten) Schüler verlangt.

Vom 20. December: Miniſterialverfügung vom 14. Decbr. Nachdem die Rheiniſche Ferienordnung, nach welcher mit Wegfall der Bundstagsferien die Michaëlisferien auf 5¼ Wochen ausgedehnt werden, auch in der Provinz Preußen auf einſtimmigen Wunſch der dortigen Directoren eingeführt worden: werden die pommerſchen Gymnaſial- und Realſchuldirectoren ebenfalls zur Aeußerung darüber aufgefordert.

Vom 20. Juni 1864 und 6. Januar 1865: Wegen Beitritts der höhern Lehranſtalten in Hagen und Gneſen ſind fortan (außer den 167 Exempl. an Hohes Miniſterium) 247 Exempl. des Programmes an das Kgl. Provinzial-Schulcollegium einzuſenden.

Vom 11. Februar: Miniſterialverfügung an hieſigen Wohllöbl. Magiſtrat mitgetheilt, des Inhalts, daſs die Realklaſſen unſeres Gymnaſiums als Realſchule erſter Ordnung anerkannt worden ſeien.

Vom 1. März: Die Einführung der Lehrbücher von Böhme, Heintze, Hopf und Paulſiek wird genehmigt.

C. Curatorium des Domgymnaſiums und der Realſchule.

Dieſe Behörde beſteht den Statuten gemäß 1) aus dem Bürgermeiſter als Vorſitzenden, 2) dem erſten Geiſtlichen der Stadt, 3) dem jedesmaligen Director, 4) 5) zwei Vertretern des Magiſtrats, 6) 7) zwei Vertretern der Stadtverordneten-Verſammlung, und zählt daher gegenwärtig folgende Mitglieder: 1) vacat, 2) Superintendent Pfarrer Burckhardt, ſeit Mai 1864, 3) Berichterſtatter, 4) Beigeordnete Rathsherr Zuncker (interimiſt. Vorſitzende), 5) Rathsherr Weyland, 6) Stadtverordnetenvorſteher A. Maager, 7) Rentier Beggerow ſeit Januar a. c. Ausgeſchieden ſind dagegen im Laufe des Schuljahres Superintendent Wentz Ende April, Bürgermeiſter Gobbin Ende October, Stadtverordn. Kaufm. G. Blanck Ende December. Der unterzeichnete genügt der angenehmen Pflicht, denſelben auch hier für die mehrjährige warme Förderung der Intereſſen der Anſtalt im Namen dieſer aus vollem Herzen Dank zu ſagen. — Als Vertreter beim Maturitätsexamen fungierte zu Michaëlis Bürgermeiſter Gobbin, zu Oſtern Superintendent Burckhardt.

D. Lehrercollegium.

Director G. Stier. Die vier Oberlehrer Prorector Prof. Dr Girschner, Conrector Dr Fischer, Sägert, Dr Schultze. Die sieben ordentl. Lehrer: Dr Pfudel, Dr Reichenbach, Dr Fiedler, Dr Meffert, Cantor Schwartz, Dr Willert, Jacob. Die beiden Candidaten des höhern Schulamts Haupt und Lutze. Der technische Hülfslehrer Maler Baumgarten. Die beiden Elementarlehrer Hahn und Rutzen.

E. Lehrverfassung.

I. Eingeführte Schulbücher.

Religion: Katechismus von Jaspis, Berliner Gesangbuch (R. Decker), VI Gütersl. Historienbuch, III – I Hollenbergs Hülfsbuch (Realkl. nur I. Theil) und das griech. N. T.
Deutsch: Hopf und Paulsiek, Lesebuch VI und V (bisher Oltrogge). Echtermeyers Gedichtsammlung von IV ab, II Heintzes Mhd. Lesebuch.
Latein: Schwartz u. Wagler, Elementarbuch, in VI; Bonnells Vocab. u. Uebungsstücke in V u. IV; Wellers Herodot IVr, derselben Livius IIIr; Bergers Grammatik IV – I für Gymn. und Realschule; desL Stilistik IIg, Ig.
Griechisch: Curtius Grammatik, Gottschicks Lesebuch, Todts Vocabular; Böhmes Beispiele zum Uebersetzen.
Hebräisch: Rödigers Grammatik; Stiers Vocabular, Brückners Lesebuch.
Französisch: Plötz Elementarbuch und Grammatik. – Englisch dasselbe von Fölsing.
Geschichte: Dielitz in der Realschule, Dietsch im Gymnasium von III ab; I. Hahn, Lehrb. der Brd.-Preuß. Geschichte in beiden Tertien. – Geographie: v. Seydlitz, Leitfaden.
Mathematik: Gruners Lehrbücher in der Realschule; Heentschels Rechenaufgaben in VI und V, Kambly in IIIg.
In der Vorschule: Sendelbach, Fibel und I. Lesebuch; deutsche Lesebücher von Lüben u. Nacke; Heentschels Rechenbücher.

II. Vertheilung der Lehrgegenstände.

1. Nach den Klassen:

	Gymnasium:					Realschule:			
	VI.	V.	IV.	III.	II.	I.	IV.	III.	II.	I.
Religion	3	3	2	2	2	2	2	2	2	2
Deutsch	2	2	2	2	2	3	–	3	3	3
Latein	10	10	10	10	10	8	4	5	4	–
Französisch	–	–	3	3	2	2	4	4	4	4
Griechisch	–	–	6	6	6	6	–	–	–	–
Hebräisch	–	–	–	–	(2)	(2)	–	–	–	–
Englisch	–	–	–	(1)	(1)	–	–	4	3	3
Geogr. Gesch.	3	2	3	4	3	3	4	4	3	3
Naturwissensch.	–	2	–	–	1	2	4	2	4	3
Rechn. Math.	4	3	3	3	4	4	6	6	5	5
Schreiben	3	3	–	–	–	–	4	–	–	–
Zeichnen	2	2	2	(2)	(1)	(1)	4	2	2	2
Singen	2	1	2	2	(2)	(2)	2	2	(2)	(2)
Wöchentliche Summa	29	31	32	32+3	32+3	32+3	34	34	32+2	32+2

2. Nach den Lehrern:
Vertheilung der Lectionen im Winterhalbjahre.
A. Realschule.

Lehrer.	Ordinar.	Prima.	Secunda.	Tertia.	Quarta.	Gymn.	Summa.
(1.) G. Stier, Director.		3 Deutsch		4 Französisch		8	15
1. (3.) Dr W. Fischer, Conrector.	I.	5 Mathematik 4 Physik	5 Mathem.	6 Mathem.		—	20
(4.) K. Sägert, Oberlehrer.		4 Französisch	4 Französisch			12	20
2. (5.) Dr R. Schultze, Oberlehrer.	II.	3 Geschichte 8 Latein	3 Gesch. und Geogr. 4 Latein			9	22
3. (7.) Dr H. Reichenbach, ord. Lehrer.	IV.			3 Deutsch	6 Französisch 5 Latein 3 Deutsch	4	21
(8.) Dr A. Fiedler, ord. Lehrer.			3 Deutsch			18	21
4. (9.) Dr Fr. Meffert, ord. Lehrer.	III.	3 Englisch	3 Englisch	4 Englisch 5 Latein		8	23
					4 Mathem.		
(10.) P. Schwartz, Cantor u. ord. Lehrer.			3 St. Singen			15	22
		(2)	(2)	2	2		
5. (11.) Dr A. Willert, ord. Lehrer.		2 Chemie	6 Phyf., Chem. u. Naturk.	2 Naturk.	2 Rechnen 2 Naturk.	9	23
(12.) J. Jacob, Cand. theol., ord. Lehrer.		2 Religion	2 Religion			19	23
6. (13.) E. Haupt, Cand. theol. u. d. h. Sch.				2 Religion 4 Gesch. und Geogr.	2 Religion 4 Gesch. und Geogr.	11	23 + 1
(15.) O. Baumgarten, Zeichen- u. Schreiblehrer.		3 Zeichnen	2 Zeichnen	(2 Zeichnen)	2 Zeichnen 2 Schreiben	11	20
	Wöchentlich	32 + 2 S.	32 + 2 S.	34	34		

B. Gymnaſium und Vorſchule.

Lehrer.	Ord.	Prima.	Secunda.	Tertia.	Quarta.	Quinta.	Sexta.	Vorſch.	Realkl.	Summa.
1. G. Stier, Director.		6 Griech.	2 Hebr.						7	15
2. Dr N. Girſchner, Pror. u. Prof.	I.	3 Deutſch 6 Math. u. Phyſik	5 Math. u. Phyſik (3 getrennt in A. u. B.)			2 Naturk.			—	19
4. K. Nägert, Oberlehrer.	II.	2 Franz.	8 Latein 2 Franz.						8	20
5. Dr R. Schultze, Oberlehrer.		3 Geſch.	6 Griech. in B.						13	22
6. Dr E. Pfudel, ord. Lehrer.	III.		3 Geſch. 2 Latein 6 Grch. A.	8 Latein 3 Franz.					—	22
7. Dr R. Reichenbach, ord. Lehrer.				2 Deutſch 2 Franz.					17	21
8. Dr K. Fiedler, ord. Lehrer.	IV.		2 Deutſch	10 Latein 6 Griech.					3	21
9. Dr Fr. Meſſert, ord. Lehrer.		8 Latein							15	23
10. P. Schwartz, Cantor u. ord. Lehrer.	VI.	(2)	(2)	2 3 Singen	2	1 Singen	10 Latein 2 Dtſch 2 Singen		4	22
11. Dr A. Willert, ord. Lebrer.				3 Math.	3 Math.	3 Rechnen			14	23
12. J. Jacob, Cand. theol. u. ord. Lehr.	V.	2 Religion	2 Religion			10 Latein 2 Dtſch 3 Relig.			4	23
13. E. Haupt, Cand. theol. u. d. h. Sch.		2 Hebr.		2 Religion 2 Deutſch	2 Religion		3 Religion		12	23 + Inſp.
14. H. Lutze, Cand. phil.				2 Latein 4 Geſch. 6 Griech.	3 Geſch. u. Ggr.	3 Franz. 2 Geogr.	3 Geogr.		—	23 + Inſp.
15. O. Baumgarten, Schreib- u. Zeichenlehrer.		(1 Z.)	(1 Z.)	2 Zeichn.	2 Zeichn.	2 Zeichn. 3 Schreib.	2 Zeichn.		9	20
16. K. Huhn, Elementarlehrer.	A.						3 Schreib. 4 Rechn.	23	—	30
17. A. Rutzen, Elementarlehrer.	B. C.							31	—	31
Summa wöchentl.		32 + 2	32 + 2	33 + 2	32	31	29	25, 24, 21		

III. Lehrpensa.

1. Vorschule: A, B, C.

Zweiter Klasse zweite Abtheilung (C), *Lehrer Nutzen*.
Religion 3 St. Ausgewählte bibl. Geschichten; Liederverse, Sprüche, Gebete, die vier erften Gebote. — Deutfch 7 St. Erfter Lefeunterricht nach der Schreiblefemethode. — Rechnen 5 St. Zahlenraum 1—100, darunter 1—20 allfeitig behandelt. — Schreiben 4 St. Deutfche Currentfchrift im kleinen und großen Alphabet.

Zweiter Klaffe erfte Abtheilung (B), *derfelbe*.
Religion 3 St., theils mit C. theils mit A combiniert. — Deutfch 10 St. Lefeübungen, wiedererzählen, lernen kleiner Gedichte; orthogr. Uebungen. — Rechnen 5 St. Die 4 Species im Zahlenraume 1—100. — Schreiben 4 St.

Erfte Klaffe (A), *Lehrer Hahn*.
Religion 3 St. Altteft. Erzählungen bis Mofes; Feftgefchichten, erftes Hauptftück; Sprüche und Lieder. — Deutfch 9 St. Der (einfache) Satz; Redetheile, Präpofitionen mit Dativ und Accufativ; orth. Uebungen. — Rechnen 5 St. Die 4 Species im unbegrenzten Zahlenraum; mehrfach benannte Zahlen, refolvieren und reducieren. — Geogr. Vorbegriffe 2 St. Pommern, Erdtheile, Hauptmeere. — Schreiben 4 St. Sätze in deutfcher und lateinifcher Schrift.

A-B-C comb. Gefang 2 St. Volks-, Vaterlands- und Kirchenlieder nach dem Gehör. *L. Nutzen*.

2. Gymnasium.

Sexta: Klaffenlehrer *Cantor Schwartz*.
Religion 3 St. A. T. Gefchichte, Luth. Kat. 1. Hauptftück erklärt, 2. gelernt — Sprüche, 8 Kirchenlieder. — Deutfch 2 St. Wiedererzählen gelefener Gefchichtchen; Kenntnis der Wortarten und Satztheile; orthogr. Uebungen. — Latein 10 St. Regeln. Formenlehre nebft einem Theile der unregelmäßigen, Lefebuch §. 1—100. — Rechnen 4 St. Species mit mehrfach benannten Zahlen; Anfänge der Brüche. — Geographie 3 St. Geftalt der Erde: Meere, Infeln. Flüffe, Gebirge, wichtigfte Hauptftädte. S. *Andre*, W. *Lutze*. — Schreiben 3 St. Zeichnen 2 St.

Quinta: Klaffenlehrer *GL. Jacob*.
Religion 3 St. Leben Jefu nach Matthäus und Lukas, Katech. 2. Hauptft. erklärt, 3. 4. gelernt nebft Sprüchen und 7 Kirchenliedern. — Deutfch 2 St. Orthographifche Dictate, mit Berückfichtigung der Interpunctionslehre, Befprechung deutfcher und altklaffifcher Sagen, nach dem Lefebuche, Declamierübungen. — Latein 10 St. Unregelmäßige Formenlehre nebft Lecture nach Bonnell; wöch. Exercitien, zum Theil in der Klaffe. — Franzöfifch 3 St. Plötz I, 1—39, nebft fchriftlichen Uebungen. S. *Andre*, W. *Lutze*. — Rechnen 3 St. Die 4 Species mit Brüchen. — Geographie 2 St. Europa im Ueberblick, die übrigen Erdtheile genauer. S. *Andre*, W. *Lutze*. — Naturkunde 2 St. S. Vögel, *Dr. Willert*, W. *Säugethiere*, *Prof. Girfchner*. — Schreiben 8 St. Zeichnen 2 St.

Quarta: Klaffenlehrer *Dr. Fiedler*.
Religion 2 St. Apoftelgefchichte, Kirchenjahr, Erklärung des Katechismus vollftändig; 6 Kirchenlieder. — Deutfch 2 St. Satz- und Interpunctionslehre. Gedichte nach

Echtermeyer, kurze Auffätze. Latein 10 St. Phädrus, 20 Fabeln, zum Theil memoriert; Nepos Eumenes, Phocion, Hamilcar, Hannibal, Agefilaus, Datames, Dion, Chabrias, Iphicrates, Pelopidas, Timotheus. Gramm. Cafuslehre, Conj. periphrastica. Extp. Exercitia. — Franzöfifch 2 St. Plötz I, 40--73. — Griechifch 6 St. Curtius Gramm. § 1—301 mit Auswahl; unterftütz. Lectüre aus Gottfchick, Fabeln memorirt, Vocabellernen nach Todt, Exercitien. — Mathem. und Rechnen 3 St. Regeldetri, Zinsrechnung, Decimalbrüche, Buchftabenrechnung, Anfangsgründe der Geometrie. — Gefchichte u. Geographie 3 St. Griech. u. Röm. Gefchichte, Geogr. von Europa. — Zeichnen 2 St. Nach Vorlagen von Hermes u. a. fowie nach Holzmodellen.

Tertia: Klaffenlehrer *Dr Pfudel.*
Religion 2 St. Alteft. Gefchichte, Wiederholung des Katechismus; ausgewählte Pfalmen; neun Kirchenlieder gelernt. — Deutfch 2 St. Schillerfche u. andere Gedichte befprochen, gelernt und vorgetragen; profaifche Vorträge. Alle 14 Tage ein Auffatz.*) — Latein 8 St. Caef. B. G. VII u. I. Repet. der Cafuslehre, das Wichtigfte der Wortbildung, Tempora, Modi, Or. obliqua. *Dr Pfudel.* 2 St. Ovid. Met. XI, 1—194. XII. Metrik. S. *Andre*, W. *Lutze.* — Griechifch 6 St. Ausgewählte Stücke aus Gottfchicks Lefebuch, Paufan. Meffen. 1—30. Verba irreg. u. anomala nach Curtius. Scripta, Fabeln memoriert. S. *Andre.* W. *Lutze.* — Franzöfifch 2 St. Plötz I, 5. II, 1—3. Rollin, *Alexandre le Grand.* — Mathematik 3 St. Gleichungen 1. Gr. Planimetrie bis Kambly § 128. Potenzen u. Wurzeln. — Gefchichte u. Geogr. 4 St. Deutfche Gefchichte bis 1815, mit Wiederholung der Preußifchen; Geogr. von Deutfchland und den angrenzenden Ländern. S. *Andre*, W. *Lutze.* — Zeichnen 2 St. gleichzeitig mit den Confirmandenftunden. (Siebzehn Schüler betheiligten fich im Sommer, dreizehn im Winter).

Secunda: Klaffenlehrer *Oberl. Sägert.*
Religion 2 St. Poëtifche und prophet. Bücher des A. T., größtentheils gelefen. Ueberficht über die Apokryphen, die Gefchichte der Juden bis zur Römerzeit, die Evangelien; Ev. Johannis gelefen; Wiederholung von Kirchenliedern. — Deutfch 2 St. Mhd. Grammatik nach Stiers Matt., *der Nibelunge Not* größtentheils gelefen; zuletzt Goethes *Herm. u. Dorothea.* Freie Vorträge, Dispofitionsübungen; Auffätze.**) — Latein 8 St. Sall.

---

*) Die Themata derfelben waren folgende: 1. Schillers *Taucher* in Bildern dargeftellt. 2. *Ἀνὴρ πονηρὸς δυστυχεῖ κἂν εὐτυχῇ, ὁ δὲ χρηστὸς εὐτυχεῖ κἂν δυστυχῇ* (Gefpräch). 3. Ein Seetreffen (Brief). 4. Die Götter der alten Pommern. 5. a. die Kriege Karls des Großen; b. Verfaffung und Culturzuftand des Frankenreiches unter Karl dem Großen. 6. *Salas y Gomez* (in der Klaffe). 7a. Befchreibung unferer Turnfahrt; b. Befchreibung der Infel Rügen. 8. *Caes. B. G.* VII, 1—36 deutfch zu bearbeiten. 9. Jofua der Sohn Nuns. 10. Es ift nichts fchwerer zu ertragen als eine Reihe von guten Tagen. 11. Gedankengang von Schillers *Glocke.* 12. Mäßiggang ift aller Lafter Anfang. 13. Die *Bürgfchaft* in Bildern. 14. Joh. Bugenhagen, der pommerfche Reformator. 15. Mit welchem Rechte beginnt man mit dem 16. Jahrhundert die *Neue Zeit?* 16. David und Abfalom in der Klaffe). 17. Gold und Eifen. 18. Die *Kraniche des Ibykus* und *die Sonne bringt es an den Tag.* 19. Die Folgen des 30jährigen Krieges. 20. Lehrftand, Wehrftand, Nährftand. 21. *Die Kinder fie hören es gerne* (in der Klaffe).

**) Die Themata waren folgende: 1. Inhalt des *Piccolomini.* 2. Freie Erzählung nach Goethes *die Kinder fie hören es gerne.* 3. Inhalt von *Wallenfteins Tod.* 4. Das Leben ift ein Krieg. 5. Ueber die Urfachen des Aberglaubens in jetziger Zeit. 6. Vortheile des Aufenthalts in einer größeren Stadt (in der Klaffe). 7. Klage Kriemhilds an der Leiche Siegfrieds (Ethopöie). 8. Nimmt Schiller zu Gunften Tells gegen Joh. Parricida Partei? 9. Holani und Buttler follen verglichen werden. 10. a. Charakteriftik Volkers, b. Inhalt des *Wilhelm*

5*

Cat. Cic. Catil. 1—4. pro lege Manilia. Gramm. Wiederhol. der Tempus- und Moduslehre, Infin. Gerund. Sup. Coordination und Subordination. Extp. u. Exercitia. *Oberl. Sägert.* 2 St. Virgil. Aen. II, VI. VII.' *Dr Pfudel.* — Griechifch 6 St. B. Cafuslehre, Genus Verbi u. Tempora. Herod. I. Hom. Od. I—IV. (etwa 200 Verfe memoriert) publice, V—VII privatim. Abwechfelnd häusl. und Klaffenfcripta. — A. Cafuslehre vollftändig, Tempora und Modi; Herod. VII. VIII., Hom. Od. XVII—XXIV, daneben einige Bücher privatim. — Hebräifch 2 St. Formenlehre vollftändig. Unterftützende Lectüre nach Brückner, Lefeftücke, hift. I—VIII u. einige Pfalmen. Im Sommer waren beide Abtheilungen getrennt; Subft. anomala, Vb. c. Suff., Numm., und Vocabellernen nach Stiers Vocabular nur mit der erften Abtheilung. — Franzöfifch 2 St. Plötz II, 24—69. Lectüre aus Göbels Samml. XXV. — Mathematik 3 refp. 5 St. B. Potenzlehre, Gleichungen 1. u. 2. Grades, Planimetrie; A. Wiederholungen, Logarithmen, Trigonometrie; Ext. — Phyfik (im Winter 2 St.) Akuftik und Optik. — Gefchichte 3 St. Orient u. Griech. Gefchichte bis zu den Diadochen; Repetitionen aus der deutfchen Gefch. u. allg. Geographie. — (Zeichnen 1 St. gleichzeitig mit d. Hebräifchen. Im Sommer nahmen 8, im Winter 7 Schüler theil).

Prima: Klaffenlehrer *Prof. Dr Girfchner.*
Religion 2 St. Kirchengefchichte bis in die neuere Zeit; Wiederh. d. Apoftelgefch. und Paulin. Briefe; Römerbrief und Augsb. Conf. gelefen. Wiederh. der Kirchenlieder. — Deutfch 2 St. Grundzüge der Poëtik, an Beifpielen erläutert, neuere Literaturgefchichte, freie Vorträge, El. d. Logik, Auffätze.*) — Latein 8 St. Tac. Germania, Cic. pro Milone, pro Sestio. Hor. Od. III. IV. Epod. 1—4. 6. 7. 9—11. 13. 16. 17. Epist. I, 1—10. Bergers Stilift. §. 1—63. Vorträge und Sprechübungen, Auffätze**). - Griechifch 6 St.

Tell. 11. Kriemhilds Rache. 12. Charakter des Apothekers in *Hermann und Dorothea.* 13. Gang der Handlung in *Hermann und Dorothea.* 14. Charakteriftik Hildebrands. 15. Ferienauffatz.

*) Die Themata waren folgende: 1. Ueber Goethes *Gefang der Geifter.* 2. Die Mannigfaltigkeit des Intereffes an der Natur und der verfchiedenartige Standpunkt ihrer Betrachtung. 3. Ueber die Kunft des Entbehrens. 4. Welches ift die ftärkere Waffe: das Schwert, die Zunge oder die Feder? 5. Wer verdient den Namen eines *Gebildeten?* 6. *Die Namen find in Er; und Marmelftein So treu nicht aufbewahrt als in des Dichters Liede.* 7. Metrifche Uebungen: a. reimlofe iambifche, b. Sonette und Sicilianen, c. Diftichen und Odenversmaße. 8. Inhalt und Gedankengang des platonifchen Euthyphron. 9. Polykrates oder aber den Neid der Götter. 10. Ift der Ausfpruch des Horaz *Quid sit futurum cras fuge quaerere* von allgemeiner Gültigkeit? 11. Was hat man von dem Lobe eines mittleren Lebensloofes zu halten, mit dem Horaz fo freigebig ift? 12. Abituriententhema.

**) Die Themata waren 1. für die *erfte* Abtheilung: 1. Virtus Romana quando videatur maxime floruisse. 2. Quod consilium quemque ordinem Horatius in primo libri tertii carmine secutus sit. 3. Quibus maxime rebus Graeci et Romani exempla nobis proponuerint etiamnunc imitanda (*September*). 4. Fieri posse, ut bella rebus populorum salutaria sint, et argumentis et exemplis demonstratur. 5. Hannibalis ex Italia discedentis apud milites oratio (*oder auch*: Quae bella plurimum valuerint ad potentiam Romanorum ita augendam, ut imperium orbis terrarum consequerentur). 6. Athenienses bene de patria, de universa Graecia melius, optime de genere humano meruisse. 11. für *beide* gemeinfam: 7. Res ab Alexandro M. gestae breviter enarrantur (*in der Klaffe*). 8. Quibus rebus factum sit, ut Philippus Macedonum rex Graeciae principatum obtineret. 9. Quam ingrati fuerint Athenienses in cives optime de patria meritos. 10. In uno saepe viro omnem rei publicae salutem repositam fuisse exemplis demonstratur (im März). III. für die zweite Abtheilung: 1. Quomodo Solon rempublicam Atheniensium legibus temperaverit. 2. Quibus artibus clarus exstiterit Romulus. 3. Quibus rebus feliciter gestis Caesar princeps reipublicae Romanae exstiterit. 4. De Atheniensium in Siciliam expeditione. 5. Quam dulce sit et decorum pro patria mori, exempli ex annalium memoria repetitis demonstratur (*in der Klaffe*) 6. Quibus artibus Pisistratus rerum potitus sit et quem eventum Pisistratidarum tyrannis habuerit.

Hom. Il. XIII—XXIV (darunter XIV. XVIII—XXI privatim) nebft Excurfen nach Nägelsbachs Hom. Th., Soph. Oed. Rex, Plat. Euthyphron u. Sympofion. Außerdem Privatlectüre der Odyffee. Repetitionen nach Curtius, Extp. u. Exercitien, zum Theil nach Nepos. — Hebräifch 2 St. Syntax nach Rödiger 125—133 nebft Wiederhol. d. Formenlehre. Vocabellernen nach Stier II. Gelefen I Regg. 16—19. 21. II Regg. 1—10. Ps. 1. 2. 6. 8. 14. 19. 22. 23. 27. 32.; 36. 38. 39. 42. 43. 46. 47. 51, einzelne gelernt; daneben Analyfen anderer Stellen. — Französifch 2 St. Corneilles Horace, dann Göbels S. XXVIII. (Montesquieu u. a.). Wiederholungen nach Plötz II. Extemporalien. — Mathematik 4 St. Stereometrie, Trigonometrie, Progreffionen, Zins- u. Rentenrechnung, Kettenbrüche; Wiederholungen u. Extp. — Phyfik 2 St. Electricität, Optik, Akuftik. — Gefchichte 3 St. Neuere bis 1830. Wiederhol. der alten Gefch. u. d. neuern Geographie. — (Zeichnen 1 St. für Nichthebräer, wurde nur im Sommer von 1 Schüler benutzt).

3. Realfchule.

Quarta: Klaffenlehrer *Gymnafial-Lehrer Dr Reichenbach*.

Religion 2 St. Apoftelgefchichte, Kirchenjahr; Katechismus; 6 Kirchenlieder. — Deutfch 3 St. Satzlehre, Uebungen im Brieffil und Erzählen. Gedichte nach Echtermeyer. — Latein 5 St. Gramm. §. 108—175. Wellers Herod. 1.—XVI. Wiederhol. nach Bonnell. Ext. und Exercitien abwechfelnd. — Französifch 6 St. Plötz I. vollftändig, Memorieren; Wiederholungen. Ext. und Exercitien abwechfelnd. — Rechnen 2 St. Regeldetri, Zins, Disconto, Tara, Rabatt. — Mathematik 4 St. Decimalbrüche, Algebra, Planimetrie excl. Aehnlichkeit. — Naturkunde 2 St. Botanik: Wirbelthiere. — Geographie 2 St. Europa. — Gefchichte 2 St. Griechifche bis Alexander. Römifche bis Nero, nebft alter Geographie. — Schreiben 2 St. — Zeichnen 2 St. nach Körpern, fowohl gradlinigen als krummflächigen, nach Vorlagen von Köpfen, Thieren und Arabesken, letztere mit Tufche und Feder; daneben auch Landfchaften.

Tertia: Klaffenlehrer *Gymnafial-Lehrer Dr Meffert*.

Religion 2 St. Gefchichte des A. T. Ausgewählte Pfalmen befprochen und gelernt. Katechismus vollftändig. 9 Kirchenlieder. — Deutfch 3 St. Lehre von den Conjunctionen und untergeordneten Sätzen, Gedichte nach Echtermeyer, Auffätze.*) — Latein 5 St. Wiederholung der Cafuslehre; Tempora und Modi; Wellers Liv. bis pag. 109. Bonnells Vocab. 1—30; Ext. und Exercitien. — Französifch 4 St. Plötz II, 1—45. Charles XII, l. 2 zum großen Theil; Partien memoriert. Ext. und Exercitien. — Englifch 4 St. Gramm. Fölfing I. zu Ende, Uebungsftücke 1. F. memoriert, ebenfo Gedichte; gelefen W. Scott, *Tales of a Grandfather* p. 49—90. Vocabellernen. Extemporalien. — Rechnen 2 St. Zufammengef. Regeldetri, Ketten-, Gefellfchafts-, Disconto-, Termin-, Zinfeszinsrechnung. — Mathematik 4 St. Conftructionsaufgaben und Gleichungen 1. Grades mit 1 u. m. Unbe-

---

*) Die Themata für Tertia waren folgende: 1. Attahu und Meno (Parabel, *in der Klaffe*). 2. Alles hat feine Zeit. 3. Das Wachstigurencabinet. 4. „Auf diefer Bank von Stein will ich mich fetzen." 5. Es ift doch alles zu etwas gut. 6. Der Tag eines Handwerkers. 7. Jede Jahreszeit hat ihre Leiden und Freuden, aber der — gefällt mir am beften (*in der Klaffe*). 8. Der Taucher in Profa. 9. Mittheilung der Aenderung der Lebensbeftimmung (Brief). 10. Antwort (Empfehlung eines Lebensberufs). 11. Der vergoldete Stelzfuß (Selbftgefpräch). 12. Bilder aus der Bürgfchaft. 13. Selbftgefpräch eines Hafen (*in der Klaffe*). 14. Das menfchliche Leben und die Jahreszeiten. 15. Der Graf von Habsburg in Bildern. 16. Drei Erwiderungen auf verfchiedene Zei-

kannten; Aehnlichkeitslehre bis zu Ende. — Naturkunde 2 St. Wirbellofe Thiere. — Geographie 2 St. Deutfchland nebft angrenzenden Ländern. — Gefchichte 2 St. Deutfche Gefchichte bis 1815, Wiederholung der preußifchen. — Zeichnen 2 St. nach Gipsmodellen, Grund- und Aufriß architektonifcher Gegenftände, Planzeichnen, Zeichnen nach ausgeführteren Vorlagen, auch in Sepia.
Secunda: Klaffenlehrer *Oberlehrer Dr Schultze*.
Religion 2 St. Poet. und proph. Bücher in Ueberficht, großentheils gelefen; Apokryphen, Evangelien, bef. Johannis gelefen. Wiederholung von Kirchenliedern. — Deutfch 3 St. Schillers Leben, einige Dramen und Gedichte befprochen. Vorträge, metrifche und Disponierübungen; Auffätze. *) — Latein 4 St. Grammatik nach Berger bis zur Coord. und Subordination einfchließlich. Gedenkfprüche nach Bonnells Vocabular, häusliche und Klaffenfcripta. Horftigs Anthol. Ov. Faft. I. II. Met. VIII. Curtius Alex. III. IV, 1—5. (Zpt. 1—24). — Franzöfifch 4 St. Plötz II, 46—78. Gelefen Göbels S. XXVIII. (Bouilly l'abbé de l'Épée; Barante, la Pucelle d'Orléans). — Englifch 3 St. Grammatik nach Fölfing II. Ext. Sprechübungen im Aufchluſs, Vocabellernen. Gelefen Goldsmith *Abridgment of the History of England* ziemlich zu Ende. — Rechnen 2 St. Wiederholungen. — Mathematik 4 St. Conftructionsaufgaben, Gleichungen 2. Grades, Stereometrie. — Naturkunde 2 St. Botanik; Infekten. — Phyfik 2 St. Magnetismus und Elektricität. — Chemie 2 St. Elemente, einige Metalloide, ftöchiometrifche Aufgaben, Arbeiten im Laboratorium (im S. mit Prima combiniert). — Geographie 1 St. Afien und Africa. Wiederholung Europas. — Gefchichte 2 St. Franzöfifche und Englifche Gefchichte bis 1714; Wiederholung der alten und der vaterländifchen. — Zeichnen 2 St. Geometrifche Conftructionen als Vorbereitung für die befchr. Geometrie. Daneben nach Gipsmodellen und ausgeführten Vorlagen.
Prima: Klaffenlehrer *Conrector Dr Fifcher*.
Religion 2 St. Kirchengefchichte bis in die neuere Zeit. Wiederholung der Apoftelgefchichte und der Paulinifchen Briefe, Römerbrief und Augsb. Conf. gelefen; Kirchenlieder repetiert. — Deutfch 3 St. Beendigung der Literaturgefchichte (Goethe, Schiller, Romantiker). Rhetorik, Dispofitionslehre und Logik nach Hoffmann; Homers Odyffee, Dramen der griechifchen Tragiker nach Vofs, Gravenhorft und Marbach befprochen; Schillerfche Abhandlungen; Auffätze **) und Vorträge. — Latein 3 St. Auswahl nach Horftig aus Virg. Georg.

tungsanzeigen (in der Kl.). 17. Vergleichung der Sprüchwörter *Eile mit Weile*, *Trau fchau wem*, *Doppelt giht wer bald gibt*, nebft Beifpielen. 18. Die Macht des Feuers (Kl.).
*) Die Themata waren folgende: 1. Inhalt der *Jungfrau von Orleans*. 2. Freie Erzählung nach Goethes *die Kinder fie hören es gerne*. 3. Ein Spaziergang in Colbergs Umgebungen. 4. Eile mit Weile. 5. Der 2. Juli 1864 (feine Feier in Colberg, Befchreibung des enthüllten Denkmales). 6. *Pegafus im Joche* (in der Klaffe). 7. Metrifche Aufgabe: *deutfche Treue*. 8. Schillers Lebensgang bis 1785. 9. Wozu gebraucht man die Steine? 10. Gang der Handlung in *Maria Stuart*. 11. Selbftbiographie. 12. Holani und Butler verglichen. 13. Krieg und Friede. 14. Gang der Handlung in der *Braut von Meffina*. 15. Metrifche Aufgabe. 16. Ferienaufftatz.
**) Die Themata waren folgende: 1. In wiefern werden durch Derlichingen, Sickingen und Weislingen drei verfchiedene Richtungen in der damaligen Ritterfchaft repräfentiert? 2. Wodurch unterfcheidet fich die *Braut von Meffina* von allen anderen Dramen Schillers innerlich und außerlich? 3. Stadt und Land. 4. Inhalt und Gedankengang in Aefch. Agamemnon (oder Soph. König Oedipus, oder Eurip. Medea). 5. Inhalt und Gedankengang in Schillers Abhandlung *über naive und fentimentalifche Dichtung*. 6. Arbeit befordert unfer Wohl (in der Klaffe). 7. Plan und Gang der homerifchen Odyffee. 8. Die unglücklichen Folgen des pelop. Krieges für

II. IV. Aen. III. VIII. IX. Hor. Od. I, 3. 22. 34. II, 3. 7. 10. 14. Tacit. Germania 1—27. Liv. XXI, 1—38. Oefter fchriftl. Ueberf. ins Deutfche. — Franzöfifch 4 St. Cuvier, *éloge de Haüy, de Lacépède, de Carendish;* Scribes *l'erre d'eau;* Lebrun, *Marie Stuart;* Voltaire, *Zaïre;* ins Franz. mündlich Schillers *Parafit.* Gramm. Wiederholungen, Extp., Auffätze*). — Englifch 3 St. Sprechübungen, Gramm. Repetitionen, mündl. Ueberfetzen Englifche. Gelefen Macaulays *Hist. of England* I, Shakespeares *Macbeth.* Auffätze**) — Rechnen 1 St. Logarithm. Rechnungsarten und Kettenbrüche. — Mathematik 5 St. Combinatorifche Analyfis, Binom, Reihen, Logarithmen, allg. Theorie der Gleichungen. Wiederholung der Stereometrie und befchr. Geometrie. Im W. 1 St. mathem. Geographie. — Phyfik 3 (4) St. Hydroftatik, Hydraulik, Barometer; Wiederh. der Optik, einf. Mafchinen, Wage, Stabilität. — Chemie 3 (2) St. Metalloïde und deren Verbindung wiederholt, leichte Metalle, Säuren, Salze; ftöchiometr. Aufgaben, Arbeiten im Laboratorium. — Gefchichte 3 St. Neuere Gefch. bis 1830; Wiederholungen aus Gefch. u. Geographie. — Zeichnen 3 St. Befchreibende Geometrie, Projection von Punkten, Linien und Ebenen; Polygone, Polyëder, Schnitte von Körpern, bis zur Durchdringung gradliniger Köper. Daneben Z. nach Vorlagen von Architekturen und Freihandzeichnen in Sepia, Kreide und Bleiftift.

Den Gefangunterricht

ertheilte *Cantor Schwartz* in der nämlichen Weife wie im vorigen Schuljahre.

Die Turnübungen

der Klaffen von Quinta bis Prima wurden von *Dr Fiedler* wie voriges Jahr in getrennten Abtheilungen Mittwoch und Freitag auf dem Turnplatze in der Maikuhle geleitet. Im Winter ift diesmal der Verfuch gemacht worden, in dem Turnfaale der ftädtifchen Schulen die Vorturner und peren Stellvertreter zweimal wöchentlich zu üben: das Local hat fich jedoch mehrfach als unzureichend erwiefen.

Von den noch nicht zum Turnen verpflichteten Sextanern und Vorfchülern wurde wie früher ein großer Theil zweimal wöchentlich von den Lehrern *Hahn* und *Rützen* zum Turnplatze geführt und dort geübt.

Athen. 9. Inhalt und Gedankengang in Schillers Abhandlung *was heifst und zu welchem Zwecke ftudiert man Univerfalgefchichte?* 11. *Das Leben ift der Güter höchftes nicht.* 12. Der Kampf des Menfchen mit der Natur (im März in der Klaffe). 19. *Ründer Eifer fchadet nur* (Chrie).

*) Die Themata waren: 1. Christophe Colomb. 2. L'exécration du chantre, par Uhland. 3. Philippe II. 4. État des Marches à l'entrée du premier prince de la maison de Hohenzollern. 5. Jeunesse de Frédéric le Grand. 6. Les Portugais découvrent le chemin de mer condsisant vers les Indes orientales. 7. Jeunesse de Frédéric Guillaume le Grand. 8. Numa Pompilius et Servius Tullius.

**) Die Themata waren: 1. On the services Themistocles has rendered to his native country. 2 The first Punic War. 3. On the state of the Engtish army and navy in 1685. 4. The night of St. Bartholomew. 5. Gustavus Adolphus in Germany. 6. The last struggle of Napoleon I. 7. The chief events in the reign of Elizabeth. 8. Joan of Arc, the Maid of Orleans. 9. Peter the Great and Charles XII (in der Klaffe). 10. The 30 years war till the arrival of Gustavus Adolphus in Germany.

F. Schülerverzeichnis.

1. Das vorjährige Programm schließt ab mit 225 Gymn., 58 Realsch., 96 Vorschüler, zusammen 379
   Von diesen verließen die Anstalt vor Beginn des neuen Schuljahrs 30
   Es blieben sonach vom alten Schuljahre zurück 349
   Neu aufgenommen wurden im Sommerhalbjahre 47
2. Die Gesammtzahl während des Sommers betrug also (227 G. 77 R. 92 Vorschüler*) . 396
   Von diesen verließen die Anstalt vor Beginn des Winterhalbjahrs 45
   Es blieben also vom Sommerhalbjahre zurück 351
   Neu aufgenommen wurden im Winterhalbjahre. 43
3. Die Gesammtzahl im Winterhalbjahre betrug also (226 G., 66 R., 102 Vorschüler) . . 394
   Von diesen verließen die Anstalt im Verlaufe des Winters bis zum 1. März 14
4. Der Bestand der Schule ist sonach gegenwärtig (216 G., 63 R., 101 Vorschüler) . . . 380
   Die abgegangenen sind folgende:

1. Bis zum 5. April 1864, so weit sie nicht schon im vor. Programme S. 40. 44. 45. aufgeführt sind:
   A. *Realschule*, Secunda: Otto Eckardt — Realschule I. Ordn. Potsdam; Tertia: Oscar Männling — Handlung, Robert Sielaff — Schifffahrt**); Wilh.! Kannenberg — Landwirt; Quarta: Ad. Friedländer — Realschule I. O. in Berlin, Karl Raasch — Uhrmacher, Paul Kuhse — Handlung.
   B. *Gymnasium*, Secunda: Paul Schmieden — zu den Eltern, Ernst Keemß — zur See, Anton Ritter — Heeresdienst; Tertia: Heinr. Haako — Apotheker, Paul Klettner — Privatunterricht; Quarta: Jul. Gehrke — Förster, Paul Neumann (eben nach III versetzt) — nach Prenzlau mit den Eltern, Wilh. Ukeley — Privatunterricht; Quinta: Ad. Fischer (eben nach IV versetzt) — andere Anstalt, Karl Locht — Schloffer, Wilh. v. Zastrow — Cadettencorps, Heinr. Klitzkowski — andere Anstalt, Karl Retzlaff — zu den Eltern zurück, Karl Klinke — ohne Abschied; Sexta: Arwed Giersberg (oben nach V versetzt) — Cadettencorps.
   C. *Vorschule*: Theod. Schulz — Bürgerschule; Otto Kühn — Päd. in Puttbus; beide eben nach VI versetzt.

2. Im Laufe des Sommers bis zum 10. October 1864:
   A. *Realschule*, Secunda: Robert Blanck, Heinr. Schwarz — beide zur See, Helmuth Heydemann — Realschule I. O., Franz Ziemer — Landwirt; Tertia: Franz Müller — Handlung, Paul Reimer — Apotheker, Paul Bonin — Landwirt, Franz Gericke — Schreiber, Paul Engel — Hutmacher, Franz Zubke — Gymn. in Treptow; Quarta: Franz Steinkamp — prakt. Beruf, Hermann Weißig — unbestimmt.
   B. *Gymnasium*, Prima: Rud. Brandes — Steuerfach, Karl Raspe — Steuerfach, Karl Dunow — Post, Aug. Manger, Wilhelm Augustin, Franz Heyse — haben bestandenem Examen zur Universität, — Ottomar Blanck — ebenfalls nach bestandenem Examen zum Kgl. Heeresdienst; Secunda: Herm. Hasemann — Bausach, Ernst Clericus — Apotheker, Eugen Bénolt — desgl., Karl Pfudel — Mechanicus, Wilh. Block — prakt. Beruf, Alex. Treichel — Gewerbeschule; Tertia: Bruno Munkel — verwiesen; Quarta: Konr. Schneider — Gymnas. in Züllichau, Karl Altenburg — Handlung; Quinta: Karl Clericus — Gymn. in Stargard, Gustav Aschenbrenner — unbestimmt; Sexta: Paul Clericus — Gymn. in Stargard, Paul Otto — unbestimmt.
   C. *Vorschule*: Jos. Heinrichsdorf — zu den Eltern nach Gr. Justin, Paul Neumann †, Emil Zimmermann — mit den Eltern nach Cöslin.

3. Im Laufe des Winterhalbjahrs bis zum 1. März 1865:
   A. *Realschule*, Prima: Karl Müller — Landwirt, Julius Zapp — Post; Tertia: Gottfr. Dieaner — zur See; Quarta: Ferd. Garchow — zur See.
   B. *Gymnasium*, Prima: Paul Stande — Post; Secunda: Karl Burckhardt — Vorbereitungsanstalt f. Milit.; Tertia: Karl Raths — Handlung, Aug. Stern u. Otto Bercht — zur See, Ernst Brill — unbestimmt; Quarta:

---
*) Gegen voriges Jahr 25 Gymn. u. Vorschüler weniger, dagegen 3 Realschüler mehr.
**) Wurde seinen Eltern bald darauf durch den Tod entrissen.

Heinz. Haring — Handlung; Quinta: Emil Wagner — Gymn. in Münſter, Ur. v. Kaphengſt — Cadett. in Culm; Sexta: Max Heynich — mit der Mutter nach Sagan.
C. Vorſchule: Friedrich Heynich †.

Die 880 Schüler, welche den gegenwärtigen Beſtand der Anſtalt bilden, ſind durch die einzelnen Klaſſen folgendermaßen*) vertheilt:

I. Realſchule.

Prima.
Emil Klotz.
Auguſt Huttig.
Franz Raaſch. — 3.

Secunda.
Wilhelm Nagel.
Auguſt Goltz — Zicker.
Guſtav Hermann.
Friedrich Fiſcher — Reſende in Braſilien.
II. Abth.
Guſtav Stern.
Julius Freier.
Franz Greymann.
Julius Gulle.
Bernhard Roſe. — 9.

Tertia.
Ernſt Klein — Cörlin.
Ernſt Gatow.
Guſtav Greuzdorfer.

Bruno Heide — Labes.
*Max Klotz — Lauenburg.
Heinrich Schotz.
Hermann Kienaſt — Labes.
Alexander Maager.
Paul Rock.
Franz Ramberg.
Emil Casparby.
*Paul Simon.
II. Abth.
Hermann Pitſch — Schlönwitz bei Schivelbein.
Ernſt Blanck.
Hermann Bucher.
Hans Killiſch — Berlin.
Hermann Vanſelow.
Iſidor Michaelis.
Julius Grieſe.
Rudolf Wenzel.
Karl Kemp.

Emil Lazarus.
Berthold Huſader.
Wilh. Engelbrecht — Rekow bei Labes.
Emil Kannenberg — Belgard.
Ludwig Riemer — Refelkow. 26.

Quarta.
Robert Priebe — Schivelbein.
Paul Schäffer.
Otto Bütow.
Paul Löck — Neuhof bei Regenwalde.
Guſtav Schultz.
*Hermann Strelow — Bogentin.
*Paul Klitzke — Bogentin.
Ernſt Dittmar.
Paul Muller — Zülkenhagen.
Ernſt Reinke — Ebersfelde in Weſtpreußen.

*Arnold Völz — Cörlin.
Georg Mercker — Woltersdorf bei Freienwalde.
Guſtav Marong.
Emil Schulize.
Max Reppen — Cordeshagen.
Ernſt Dieſner.
Emil Wilcke.
Franz Maager — Altſtadt Colberg.
Hans v. Kaphengſt — Simözel.
*Robert Krüger — Riſtow bei Belgard.
*Karl Pahnke.
II. Abth.
Richard Zahn — Schivelbein.
Otto Reimer.
Guſtav Umpfenbach.
Richard Männling. — 25.

Summa: I 3, II 9, III 26, IV 25 = 63, worunter 24 auswärtige und 39 einheimiſche.

II. Gymnaſium.

Prima.
Ernſt Steffenhagen — Prützen bei Regenwalde.
Karl Weſtphal — Schulzenhagen.
Wilhelm Karbe — Berlin.
Max v. Manteuffel — Neu Collatz.
Axel Fronhöfer — Damerow.
Otto Kuhn.
Julius Schwans — Belgard.
Auguſt Barikuecht — Coslin.
Konrad Balcke — Rehwinkel.
Emil Menſch.
Auguſt Strelow — Roffentin.
Otto Müller — Leuzen bei Belgard.
Auguſt Hohle — Rebwinkel.
Ernſt Meinke — Cörlin.
Arthur v. Falckenhayn — Gotzkow in Weſtpreußen.
Paul Lehmann — Belgard. — 16.

Secunda.
Theodor Neumann.
*Robert Mätzke — Gr. Silber bei Reetz.
Franz Guſe.
Ernſt Patſchkowski.

Ernſt Gade.
Franz Ideler — Virchow bei Herzberg i. P.
Hugo Achilles — Schivelbein.
*Wilhelm v. Voſs.
Karl Bauck — Jagertow.
Felix Klamroth — Fritzow.
Ernſt Herr — Schlawe.
Ludwig Behling — Bublitz.
Friedrich Müller — Mötzlin.
Wilhelm Lehwaldt — Bublitz.
Herm. Schulz — Schivelbein.
Johannes Zollner.
*Karl Guſe — Tempelburg.
II. Abth.
Heinrich Elmke — Redlin bei Cörlin.
Paul Zanker.
Arthur v. Podewils — Gr. Reichow bei Cörlin.
Edward Henning — Zicker.
*Hermann Harder — Thamm in Schlſien.
Hubert Ermiſch.
Friedrich Häniſch.
Georg Protz — Belgard.
Karl Priebe — Grünewald.
Ernſt Scheunemann — Cörlin.
Johann Domann — Belgard.

Hermann Syring — Darkow.
Ernſt Klettner — Glötzin bei Belgard.
Guſtav Rückert.
Richard Engel.
Georg v. Daffel — Schinz bei Belgard.
Auguſt Quan lt — Labes.
Paul Baude — Coslin.
Rudolf Goldſtein — Berlin.
Johannes Burckhardt. — 37.

Tertia.
Leonhard Gaulke — Garrin.
Paul Tietz — Nemitz bei Schlawe.
*Ernſt Tiegs — Regenwalde.
Emil Schnaiele — Pr. Holland in Oſtpreußen.
Albert Buchwoltz — Altbork.
Paul Jungfer.
Paul Hackbarth.
Ferdinand Strelow — Roſſentin.
Haſſo v. Wedell — Vofsberg bei Freienwalde.
Otto Klamroth — Fritzow.
Albert Guſe.
Julius Wendt — Zeblin bei Bärwalde i. P.

*Auguſt Braun — Gröffin bei Schivelbein.
Emil Sielaff.
Ludwig Behling — Köſterwitz bei Belzard.
Max Oeckel.
II. Abth.
Oswald Prüfſt.
Theodor Schmiele — Schivelbein.
Wilhelm Ingart.
Richard Neumann.
Paul Minning — Curfewans bei Seeger.
Guſtav Block — Schivelbein.
Johannes Jüngfer.
*Otto Voſs — Schnatow bei Camnin.
Franz Robe.
Alfred v. Koblinski.
*Ewald Müller — Lenzen bei Belgard.
Guſtav Hackert–Schivelbein.
Emil Buckling — Coslin.
Johannes Keiper — Schwartow bei Cörlin.
*Otto Prahl — Altkörtnitz bei Callies. — 31.

*) Der beigefügte Ortsname gibt den Aufenthaltsort der Eltern an; wo er fehlt, iſt es Colberg. Die in dieſem Jahre erſt aufgenommenen ſind durch ein Sternchen bezeichnet.

Quarta.

Wilhelm Gamp — Gr. Popplow.
Ernft Machert — Bullenwinkel.
Wilhelm Meyer — Drenow.
Hermann Planadorff — Rarfin bei Cörlin.
Friedrich Bauck — Jagertow.
Max Meyer — Garz a. O.
*Franz Janke — Belgard.
Erwin Heyfe.
Herm. Bufch — Bullenwinkel.
Karl Gehrke.
Reinhold Krappe.
Paul Schmidt — Damitz bei Reffelkow.
Friedrich v. Kleift — Wendifch-Tychow.
Hermann Virchow — Belgard.
Karl Dallmann — Buchholz bei Schivelbein.
Paul Hänifch.
Otto Mörke.
Emil Raths.
Ernft Lüttke.
Felix Behrend.
Robert Lenfch.
Otto Zöllner.
Franz Kannenberg — Belgard.
Guftav Kuhn.
Theodor Bauck.
II. Abth.
Ferdinand Steinmetz.
Karl v. Manteuffel — Plauentin.
Paul Zöllner. — 28.

Quinta.

Max Mök — Kaltenhagen bei Cöslin.
Wilhelm Richter.

Hermann Pifcher — Stargard.
Albert Tech — Rambin.
*Herm. Keup — Henkenhagen.
Ernft Kafifchke — Zwilip.
Paul Kieckhöfer — Witzmitz.
Franz Schmückert — Alt Bork.
Emil Steger.
Hugo Grünewald.
Paul Kannenberg — Carvin.
Ludwig Dünkel.
Ulrich Brunner.
Robert Gärtner.
Heinrich Strey.
Jacob Michaelis.
Paul Garchow.
Albert Voigt.
*Ernft Braun — Gröffin bei Schivelbein.
*Ludwig Tiegs — Regenwalde.
Wilhelm Reimann — Berlin.
Bruno Hintze — Schötzow.
Guftav Hackbarth.
Ernft Henke.
Guftav Felifch — Heidebreck bei Plathe.
Franz Mühlenbruch — Puzzernin.
Friedrich Gefecke.
Otto Rumbaur.
Richard Otte — Klaptow.
Albert Pahlow.
*Julius Dornberg.
*Karl Knopp — Nemitz bei Panknin.
*Franz Pollnow — Labes.
Paul Raafch.
Auguft Marten.
Karl Baftian — Belgard.
Robert Pagel.

*Ludwig Braun — Gröffin.
*Max Pahnke.
Julius Tiegs.
Karl Maager.
Hugo Schäfer.
Emil Reck.
Albert Sockohl.
Max Löck — Neuhof bei Regenwalde.
Rudolf Salzwedel.
Richard Bahr.
Martin Pfüddemann.
Max Gufe — Rarfin bei Cörlin.
Max Hering.
Ernft Gefecke.
Heinrich Fifcher — Stubbenhagen.
Bernhard Kuhfe.
Wilhelm Hackbarth.
II. Abth.
Franz Otte — Klaptow.
Friedrich v. Manteuffel — Planentin.
Ludwig Diedrich.
Emil Zuchy.
Severus Heyfe.
Hermann Henke — Spie.
Ludwig Schwabach — Laffehn.
Paul Wilcke.
Guftav Greymann. — 63.

Sexta.

Otto Neumann.
*Ernft Ziemer — Altwerder.
Richard Garchow.
Karl Griefe.
Paul Munkel.
Jofeph Heinrichsdorf — Simözel.
*Otto Krähenbrink.

Theodor Melbfi.
Richard Zühlsdorff.
Friedrich Gehrke.
Jakob Heinrichsdorff — Gr. Jeftin.
Karl Wolff.
Paul Fabricius.
Paul Howe.
Guftav Kühnemann.
*Max Patfchkowski.
Julius Dellfchow.
Paul Hänsler.
Arnold Wernicke.
*Julius Stern.
Ernft Leffer.
Otto Engel.
Ludwig Peter.
Ehrenfried Raffow — Bulgrin.
*Bruno Abendroth.
*Guftav Fock — Camminer Holz bei Greifenberg.
Hermann Leventhal.
Paul Jancke.
*Ernft Pahnke.
Eugen Lipski.
Albert Volckmann.
Wilhelm Dünkel.
Karl Steinbach.
Edward Hedslob.
Ernft Griefe.
Robert Pickel.
Erich Giersberg.
Franz Krefs.
*Hermann Pahnke.
II. Abth.
Heinrich Steinkamp.
Hermann Klee — Degow. 41.

Summa: I 16, II 37, III 31, IV 28, V 63, VI 41 = 216, darunter 105 auswärtige und 111 einheimifche.
In den vier oberen Klaffen befinden fich 73 auswärtige und 39 einheimifche, zufammen 112.

III. Vorfchule.

I. 48, darunter 10 auswärtige
II. a. 31, „ 6 „ } zufammen 101, darunter 17 auswärtige, 84 einheimifche.
b. 22; „ 1 „

G. Lehrmittel.

I. Lehrerbibliothek.

Diefelbe wird vom Gl. Dr Pfudel verwaltet und hat im verfloffenen Jahre folgende Vermehrung erfahren:
A. Gefchenke. 1. Vom Hoh. Unterr.-Minifterium: Hippolytus Romanus, ed. P. de la Garde. — Tit. Boftreni contra Manichaeos l., ed. id. — Ph. Wackernagel, d. D. Kirchenlied, Bd I. — 2. Vom Kgl. Polizeidirectorium hier: Colb. Wohnungsanzeiger 1865. — 3. Von den Verfaffern: Gotthold's Schriften, herausg. von Schubert, 4 Bände (Vermächtnis). — Reetzke, Lectures choisies, 2 Bde. — Eggers, Stenographie u. f. f. — 4. Von den Verlegern: a) Kalbersberg in Prenzlau:

Meineckes Geogr. Leitfaden 4. A. — b) Plahn in Berlin: Auguft, d. Lefebuch, 3. A. — c) Hartmann in Leipzig: Tousfaint-Langenfcheidt, Grundr. der Gefch. d. Engl. Sprache. — d) Anhuth in Danzig: Blech hebr. Grammatik. — e) Bädeker in Coblenz: Knebels frz. Gramm. 11. A. — f) Ritter in Arnsberg: W. Scotts Tales of a Grandfather, 2 Bde. B. Angekauft. Köchly, dissertationes Homericae. — Hoffmann, 21. u. 22. Buch der Ilias. — Flaxmans Umriffe zu Homer. — Buchholz, Anthologie aus d. gr. Lyrikern. — Isaeus ed. Schoemann. — Böhme, griech. Uebungsbuch. — Preller, Auffätze aus d. Gebiete d. Alterthumswiff. — Scholia Horatiana ed. Hauthal. — Virgil von Ribbeck. — Süpfle, Aufgaben, neue Folge. — Hartung, Themata lat. disserenda. — Habenicht, Grundzüge der lat. Profodie. — Raumer, Gefch. der Hohenftaufen, 6 Bde. — Bender, deutfche Gefchichte, 3. Aufl. — v. Varchmin, Wanderungen durch d. Schlachtfelder Preuß. Truppen. — Ranke, deutfche Gefch. 5 Bde. — Ranke, neue Bücher Preuß. Gefch. 8 Bde, — Droyfen, Gefch. der Preuß. Politik. — Fryxell, Gefch. Karls XII. — Pertz, Leben Gneifenaus. — Perthes Leben, 3 Bde. — Ritter, Allgem. Erdkunde. — H. Berghaus, Weltkarte. — Schnitz, franz. u. engl. Sprechübungen. — Gerth, franz. Uebungsaufgaben. — Walther von der Vogelweide, her. v. Pfeiffer. — Reineke Vos, her. v. Hoffmann v. Fallersleben. — Gerlinger, d. griech. Elemente in Schillers Braut von Meffina. — Cholevius, Gefch. d. deutfchen Poefie nach ihren ant. Elem. — Grimm, kl. Schriften. — Wiedemann, Encyclop. Handlexicon. — Eifelen, Strafe oder Zucht? — Mafsmann, Altes und Neues vom Turnen. — Hiecke, Reden und Auffätze. — Wiefe, d. höhere Schulwefen in Preußen. — Verhandlungen d. Philologenverf. zu Meißen. — Köpke, Gedächtnisrede auf Scóppewer. — C. Ritter, Lebensbild v. Kramer. — Mill, Logik. — Hoffmann, Logik. — Stern u. Oppermann, Leben der Maler. — Jütting, Bibl. Wörterbuch. — Schleiermachers Leben in Briefen. — Napoleon III, Cäfars Leben I. Bd. — Jeffen, Gefchichte der Botanik. — Roll, Archiv f. Naturgefch. — Brehm, Naturgefch. der Vögel. — Ekftröm, Fifche in den Scheren v. Mörkö. — Nell, Planetenlauf. — Spitz, Lehrbuch d. ebenen Trigonometrie. — Afchenborn, Lehrbuch d. Geometrie. — Boffut, Gefch. der Mathematik. — Wittftein, Widerleg. d. chem. Typenlehre. — An Fortfetzungen; Hesychius ed. Schmidt. — Gramm. lat. ed. Keil. — Berghaus, Laudbuch u. Pommern. — Ranke, engl. Gefchichte. — Mätzner, engl. Gramm. — Grimm, Wörterbuch. — Schmid, pädag. Encyclopädie. — Lübke, Denkmäler der Kunft. — Bunfen, Bibelwerk. — Zeitfchriften: Mafius u. Fleckeifen, Jahrbücher für Phil. u. Päd. — Zeitfchrift für Gymnafialwefen. — Kuhn, Zeitfchr. f. vergl. Sprachforfchung. — Petermann, geograph. Mittheil. — Gelzer, proteftant. Monatsblätter. — Klos, Zeitfchr. f. Turnwefen. — Poggendorf, Annalen d. Phyfik. — Grunert, Archiv f. Mathem. — Zarncke, Lit. Centralblatt. — Stiehl, Centralblatt für d. Unterrichtswefen. — Stettiner entomolog. Zeitung.

II. Schülerbibliothek,

verwaltet von *Conrector Dr Fifcher*, beftehend in einer Lefe- und in einer Hülfsbibliothek.
1. Für die Lefebibliothek wurden angekauft: Bibl. der Klaffiker, 25 Hefte; Ernft, Chili; Charakterköpfe aus dem Befreiungskriege, 3 Bde; Held, Helag. Colbergs 1760; Goethes f. Werke; Gravenhorft, griech. Theater, 2 Bde; Herzberg, Alex. d. Gr., 2 .Band; Seidel, Frofchmäusler; Weftermanns Monatshefte für 1864.
2. Die Hülfsbibliothek erhielt: Erk, Sängerhain II, Rödiger hebr. Gramm. 2 Expl., Göbel XVI 2 Expl., XXIX 2 Expl., Jaspis Katech. B, Wellers Livius, Lichtenfteins Atlas, Nibelungenlied, Ov. Metamorphofen, Paufanias Gr. descr. 3 Expl., Plötz frz. Gr. 2 Expl., Rhodes Atlas, Süpfles N. F., Salluft B. J. u. C.'

Geschenkt wurden letztgenannter Bibliothek von *Dr Schultze* 1 Sallust u. 1 Bibl. hebraica, von *Dir. Stier* Xen. Anab. ed. Hertlein, vom *Stud. Winkelmann* verschiedene Schriften von Cicero u. Plato, vom *Abit. C. r. Schwerin* Vegas Logarithmen. Theils zu demselben Zwecke, theils unmittelbar zur Vertheilung an ärmere Schüler schenkten endlich Hr *Generalm. a. D. r. Zastrow* und Hr *Seilermstr Wernicke* verschiedene Schulbücher, darunter u. a. Herodot, N. Test. graece, Kokemüllers engl. Chr. und Horaz.

III. Naturwissenschaftliche Sammlungen.

Dieselben werden vom *Prof. Dr Girschner* verwaltet. Für das physikalische Cabinet ist ein feines Aneroid-Barometer (von Greiner jun. in Berlin) angeschafft worden, für die naturhist. Sammlungen eine Reihe ausgestopfter Vögel, z. B. Kranich, Sägetaucher, Waldkauz. — Ferner an Geschenken: 1) ebenfalls mehrere Vögel von Hrn *Rathsh. Steinbach*, Hrn *Rathsh. Eschenbach*, Hrn *Kaufm. Hackbarth jun.* und dem Secundaner *Edw. Hennig;* 2) mehrere Versteinerungen, von Hrn *Maj. r. Wedell* und Hrn *Kaufm. Däumichen*, 3) Präparate aus dem innern menschlichen Ohre, vom Secundaner *E. Pulschkowski.*

IV. Gesang- und Zeichenmittel.

Angeschafft wurde: Kühnaus Archiv f. d. Chorgesang, II. Jahrgang; Müller, Linearzeichnen I. Theil; die Einnahme der Düppeler Schanzen, Vorlage in Folio; geschenkt: 1 Gipsmaske und ein Handmodell, von Frau Secretär *Bessert-Nettelbeck.*

Allen Geschenkgebern sagt die Anstalt ihren wärmsten Dank.

H. Prämien und Beneficien.

I. Nach neuerer Einrichtung erhielten eine Anzahl Schüler nicht wie bisher bei der Osterprüfung sondern zu Weihnachten Bücherprämien; und zwar wurden ertheilt:

In der Realschule. Prima: Popes select works, Pr. Vedetten von Düppel (Kunstblatt); Secunda: Simrocks Nibelungen, Uhlands Gedichte; Tertia: Mädlers Astronomie und Cornelius *Zugund Wanderthiere:* Quarta: Niemeyer *Jugendleben Klopstocks* u. f. w., Löschkes Erzählungen aus der Geschichte.

Im Gymnasium: I. Goethii Iphigenia graece; II. Nägelsbach Anm. zur Ilias; III. Virgil ed. Ladewig, Nibelungen ed. Zarncke; IV. Stolls Gr. Mythologie, Reufchs Deutsche Mythologie, Hennebergers Griech. Geschichte; V. Bäßlers Heldensagen, L. Grimm *Märchen der Griechen und Römer*, Haken *Nettelbecks Leben*, Rau *Kaiserbüchlein;* VI. Grimms K. u. H. Märchen Bd 1 u. 2.

In der Vorschule: Grimms K. und H. Märchen in Auswahl, Sträßles Kleine Naturgeschichte, *Gellert* von F. Schmidt, *Prinz Eugen* von Horn, *Burggrafen von Nürnberg* von Kühn, *Thautröpfchen* von Wiedemann, *Blüten* von A. Stein, *Kleine Erzählungen* von M. Claudius.

Unter obengenannten Büchern sind Uhlands Gedichte aus der früheren Programmen her bekannten, gegenwärtig 1 Thlr 16 Sgr. 11 Pf. Zinsen tragenden *Sülflow-Stiftung* angeschafft worden.

II, 1. An Schulgeld sind vom Gymnasial-Curatorium im ganzen 594 Thlr erlassen worden, nämlich 5 Realschülern und 12 Gymnasiasten der ganze, 3 Realschülern und 18 Gymnasiasten der halbe Betrag. Außerdem genießen die reformierten Schüler in mehreren Klassen herkömmlich freien Unterricht.

2. Ferner ift den Lefern unferer Programme der hier beftehende *Verein zur Unterftützung unbemittelter Gymnafiaften und Realfchüler* bereits bekannt. Der Vorftand desfelben befteht zur Zeit aus dem Berichterftatter als Vorfitzendem, dem Hofprediger Stumpff als Schriftführer und dem Rentier Beggerow als Rendant. Ferner gehören demfelben als ordentliche Mitglieder an: 4) Kfm. Blanck, 5) Kreisr. Böhmer, 6) Rathsherr Efchenbach, 7) Kreisger.-Dir. Gäde, 8) Kfm. Gefe, 9) Juftizr. Götfch, 10) Rechts-Anw. Hänifch, 11) Braueigen Hindenberg, 12) Dr Hirfchfeld, 13) Gutsbef. Minning auf Curfewanz bei Seeger, 14) Rathsapotheker Munkel, 15) Rechts-Anwalt Pluto, 16) Frl. H. Plüddemann, 17) Conful Plüddemann, 18) Gutsbef. Raffow auf Bulgrin, 19) Kämm. a. D. Rehbein, 20) Fr. Apoth. Schultz, 21) Generalm. a. D. v. Zaftrow (jetzt in Mainz).

Außerdem haben fich durch Beiträge betheiligt: 22) Verm.-Rev. Bauck; 23) Dr Bodenftein, 24) Sup. Burckhardt, 25) Paftor Bufch. 26) Sanitätsr. Dr v. Bünau. 27) Frau R. Dettloff, 28) Conf. Drefsler,•29) Tabacksfabr. Friedländer, 30) Bgm. Gobbin, 31) Paftor Heyfe, 32) Frau R. Hufader, 33) Buchh. Jancke, 34) Conf. Jänicke. 35) Seifenfbr. Jänicke, 36) Kaufm. M. Kayfer, 37) Oberftl. v. Koblinski, 38) Frau R. Kuphal, 39) Kfm. Kuhr, 40) Synd. Kufchke, 41) Stabsarzt Dr Lehmann, 42) Kfm. Lewinthal, 43) Kfm. Lietzmann, 44) Rector Menfch, 45) Bauinfp. Mök, 46) Rent. Mundt, 47) Kreisr. Leopold, 48) Hofapoth. Leffer, 49) Dr Neubauer, 50) Kfm. Oekel, 51) Gymnafiallehrer Dr. Pfudel, 52) Frau R. Piper, 53) Frau Stadträt. Poft, 54) Kämm. Pröft, 55) G.-L. Dr Reichenbach, 56) Frau Conf. Reinholz. 57) Kfm. A. Richter, 58) Rend. Richter, 59) Maj. a. D. Röhl, 60) Oberl. Sägert, 61) Grützfbr. Schmidt, 62) Kfm. Schubert, 63) Lotf.-Comm. Schütz, 64) G.-Pred. Splittgerber, 65) Maurermftr Sülftlow, 66) Kfm. Wahrendorff, 67) Mühlenbefitzer Wolff.

Die Jahreseinnahme ift theils durch die Beiträge der genannten Wolthäter, theils durch den dem Vereine freundlichft überwiefenen Ertrag des am 16. März v. J. von Herrn Devantier veranftalteten Concertes dießmal eine weit bedeutendere gewefen als früher, nämlich 76 Thlr. 12¼ Sgr. Hievon find in dem von Juli zu Juli laufenden Rechnungsjahre 54 Thlr 17¼ Sgr. verausgabt worden: zu Weihnachten 1863 an 13 bedürftige Schüler zufammen 20 Thlr, zu Oftern 1864 an einen Primaner 10 Thlr, ebendafelbft für 24 Thlr 17¼ Sgr. Schulbücher an einige 30 unbemittelte Schüler. Es ift die Abficht, von jetzt ab vornehmlich in gleicher Weife zu Oftern Schulbücher auszugeben, ferner (foweit die anderweiten Gefuche es geftatten) zwei in Quartalraten zu erhebende Stipendien von je 12 Thlr zu gewähren, wozu Meldungen unter Nachweis der Bedürftigkeit vom Vorftande entgegengenommen werden. Natürlich würden Schüler, welche keine oder nur halbe Schulgeldfreiheit genießen', zunächft zu berückfichtigen fein.

Auch für das laufende Rechnungsjahr fteht uns zu unferer großen Freude wieder eine außerordentliche Einnahme bevor durch das vom Gymnafial-Gefangverein unter Leitung des Hrn Devantier beabfichtigte und auf den 1. April angefetzte Concert — worüber im nächften Programme ein mehreres.

Allen Förderern unferes Vereines fagen wir zunächft im Namen der reich befchenkten Schüler den wärmften Dank, ebenfo fchließlich allen denjenigen Einwohnern, welche durch Gewährung von Freitifchen den bedürftigeren unfrer Zöglinge den Aufenthalt in Colberg erleichtern.

J. Abiturienten.

1. Gymnafium.

Zu Michaëlis 1864 haben dasfelbe nach beftandener Abgangsprüfung (vgl. S. 20) folgende Primaner verlaffen:

1. August Maager, Sohn des Gutsbes. M. auf Altstadt-Colberg, 19¼ Jahr alt, ev. Bek., 2½ Jahr in Prima, 6½ auf der Anstalt — vorher 4 Jahr auf hiesiger Realschule; studiert Jura in Berlin.
2. Wilhelm Augustin, Sohn des Schornsteinfegermeisters A. in Callies, 23¾ Jahr alt, ev. Bek., 2½ Jahr in Prima, 3 auf der Anstalt — vorher in Stargard; studiert Philologie in Berlin.
3. Franz Heyse, Sohn des Pastor H. zu Colberg, 19 Jahr alt, ev. Bek., 2 Jahr in Prima, 6½ auf der Anstalt — vorher 2½ auf hiesiger Realschule; studiert Theol. und Philologie in Halle.
4. Ottomar Blanck, Sohn des Kaufmanns G. Bl. in Colberg, 19¾ Jahr alt, ev. Bek., 2 Jahr in Prima, 6½ auf der Anstalt — vorher 4 Jahr auf hiesiger Realschule; ist in Stettin in den Kgl. Heeresdienst eingetreten.

Seinen auf die alten Sprachen verwendeten Privatfleiß bezeugte Franz Heyse durch eine umfangreiche Arbeit *M. Tullii Ciceronis Laelius; exordio et argumento, variisque annotationibus perpetuis ornavit et adumbravit F. H.* Dieser wurde von der mündlichen Prüfung dispensiert. Die Reife auch im Hebräischen erhielten er und Augustin.

Zu Ostern 1865 wurde einer der sieben Maturitätsaspiranten (erst vor kurzem aus der Nachbarschaft zu uns gekommen) vor der mündlichen Prüfung zurückgewiesen; von den übrigen erkrankte einer und mußte den 14. März nachträglich allein geprüft werden. Und zwar fand dieser letztere Act unter dem Vorsitze des *ad hoc* ernannten stellvertretenden Commissarius Sup. Burckhardt statt, die Prüfung vom 3. März jedoch wie gewöhnlich unter Leitung des Kgl. Prov.-Schulraths Dr Wehrmann, wobei Sup. Burckhardt das Curatorium vertrat. Jene sechs für reif erklärten Primaner nun sind folgende:

5. Ernst Steffenhagen, Sohn des Gutspächters St. in Prützen bei Regenwalde, 18¼ Jahr alt, ev. Bek., 2½ Jahr in Prima, 7 auf der Anstalt — vorher 2 auf hiesiger Realschule. Er gedenkt Mathematik zu studieren.
6. Karl Westphal, Sohn des Gutsbesitzers W. auf Schulzenhagen bei Cordeshagen*), 20½ Jahr alt, ev. Bek., 2½ Jahr in Prima, 7 auf der Anstalt — vorher 2 auf hiesiger Realschule. Er will Medicin in Berlin studieren.
7. Wilhelm Karbe, Sohn des Kgl. Oberamtmanns K. in Berlin, 19 Jahr alt, ev. Bek., 2 Jahr in Prima, 4½ auf der Anstalt. Er will Cameralia und Forstfach studieren.
8. Maximilian von Manteuffel, Sohn des verst. Gutsbesitzers v. M. auf Alt-Collatz, 21¼ Jahr alt, ev. Bek., 2 Jahr in Prima, 3½ auf der Anstalt — vorher in Greifenberg. Er gedenkt Jura zu studieren.
9. Axel Fronhöfer, Sohn des Gutsbesitzers Fr. auf Damerow bei Panknin, 21½ Jahr alt, ev. Bek., 2 Jahr in Prima, 2½ Jahr auf der Anstalt — vorher in Cöslin. Er will Medicin in Berlin studieren.
10. Otto Kuhn, Sohn des Kleiderfabrikanten K. zu Colberg, 19 Jahr alt, reform. Bek., 2 Jahr in Prima, 7 auf der Anstalt — vorher 2 auf hiesiger Realschule. Er gedenkt Kaufmann zu werden.

Die Themata der schriftlichen Arbeiten waren folgende:

1. Deutsch. Mich. 1864: Wer verdient den Namen eines Gebildeten? — Ostern 1865: Wenn das Leben ein Kampf ist, und wenn wer kämpfen will gerüstet sein muss: so sage, Jüngling, der du in das Leben hinauszutreten im Begriff bist *Womit bist du zu dem Kampfe, der deiner harrt, gerüstet?*
2. Lateinisch. Mich. 1864: Quibus maxime rebus Graeci et Romani exemplo nobis proposuerint etiamnunc imitanda? — Ostern 1865: In uno saepe viro omnem reipublicae salutem repositam fuisse exemplis demonstratur.

---

*) Früher in Eickstedtwalde. K. W. ist beiläufig der erste, der seit Gründung dieses Ortes daselbst geboren ist.

2. Mathematik. Mich. 1864: I. Von einem gegebenen Punkte außerhalb eines gegebenen Kreises eine Secante so durch den letzteren zu ziehen, daß das außerhalb des Kreises liegende Stück gleich dem im Kreise liegenden (der Sehne) sei. — II. Ein Würfel und eine Kugel haben gleiche Oberflächen; wie verhalten sich die kubischen Inhalte beider? — III. Zwei rechtwinklige Dreiecke haben die Hypotenusen a und b, eine Kathete gemeinsam, und die andere Kathete ist im ersten Dreiecke doppelt so groß wie im zweiten; wie groß sind die Katheten und spitzen Winkel in beiden? (Zahlenbeispiel $a = 12, 485, b = 9, 576$). — IV. Wenn man zum doppelten einer gewissen Zahl 1 addiert und aus der Summe die Quadratwurzel zieht: so ist diese um 2 größer als die Quadratwurzel aus jener um 1 vermehrten einfachen Zahl — welches ist dieselbe?

Ostern 1865: I. Man hat einen graden Cylinder, dessen Axe gleich dem Durchmesser der Grundfläche ist, ferner einen Kegel von gleicher Grundfläche und Höhe mit diesem, endlich eine Kugel, deren Durchmesser gleich der Axe des Cylinders ist — wie groß ist die Oberfläche einer Kugel, welche dem Inhalte jener drei Körper gleich ist? — II. Welche ganzen positiven Zahlen genügen den 3 unbekannten in folgenden zwei Gleichungen $5x - 6y + 7z = 34; 7x + 8y - 5z = 26$? und durch welche Formeln wird die Gesammtheit der Werthe von x, y, z ausgedrückt? — III. Den Winkel x aus der Gleichung $tang. x = 5 sin. x$ zu finden. — IV. Die unbekannte x aus der Gleichung $\sqrt[3]{x} + 7\sqrt[3]{x^2} = 350$ zu finden.

II. Realschule.

Zu Michaëlis 1864 fand keine Maturitätsprüfung statt. Zum gegenwärtigen Ostertermin hatte sich Ein Abiturient gemeldet, nämlich

Emil Klotz, Sohn des Rentier Kl. zu Colberg, 18¼ Jahr alt, evangel. Bekenntnisses, 2 Jahr in Prima, 2¼ Jahr auf der Anstalt — vorher auf der höh. Bürgerschule in Stolp. Am 4. März fand die mündliche Prüfung desselben statt, und wurde er für reif erklärt, mit dem Prädikate *Gut bestanden*. Er will sich der Marine widmen, und wurde daher bereits am 11. März im Kreise der Schule entlassen.

Die Themata der schriftlichen Arbeiten waren außer dem französischen Scriptum folgende:
1. **Deutsch.** Der Kampf des Menschen mit der Natur.
2. **Englisch.** Frederic the Great as a Warrior.
3. **Mathematik.** I. Drei Zahlen stehen in geometrischer Progression; die Summe der 1ten und 2ten ist 9, die Summe der 10en und dritten ist = 15. Welche Zahlen sind es? — II. Ein Dreieck zu construiren, in welchem ein Winkel, die von der Spitze eines anderen Winkels nach dem Halbierungspunkte der Gegenseite gezogene Transversale und der Radius des umgeschriebenen Kreises die gegebenen Größen α, t u. r haben. — III. In einem Dreiecke verhalten sich die vom Mittelpunkte des eingeschriebenen Kreises nach den Spitzen B u. C gezogenen Linien $= 4 : 7,8; \beta : \gamma = 1 : 2$, und der Radius des umgeschriebenen Kreises $= 589,2558$. Wie groß sind die Winkel, 2 Seiten und der Flächeninhalt des Dreiecks? — IV. Ueber einer gegebenen Linie AB soll ein Dreieck ABM beschrieben werden von der Art, daß, wenn die auf AM und BM senkrechten Geraden BC und AD gezogen werden, die Summe der Dreiecke AMM und ABN einem gegebenen Quadrate gleich werde.
4. **Physik.** I. Ein 3 Pfd schweres Brett soll gegen eine senkrechte Wand senkrecht angedrückt werden; wie groß muß der Druck mindestens sein, wenn das Brett nicht herabgleiten soll? Der Reibungscoefficient ist $= 0,56$ zwischen Wand und Brett. Die Formel für die Bedingung der Ruhe eines Körpers auf einer schiefen Ebene ist zu entwickeln. — II. Die gekrümmte Fläche einer planconvexen Linse besitzt einen Radius von 20 Zoll. Eine ebene Fläche soll senkrecht auf die Axe der Linse gestellt werden; wie weit muß die Fläche vor der Linse stehen, wenn ihr Bild ½ der Fläche sein soll?
5. **Chemie.** I. Ueber Blutlaugensalz. — II. Man hat ein Gemisch von stickstoffhaltigen Substanzen, von denen man weiß, daß sie 12,5 § Stickstoff, 0,75 § Eisen und 2,5 § kohlensaures Kali enthalten. Man wünscht, um ohne Ueberblick über die Kosten der Fabrikation des Blutlaugensalzes zu gewinnen, die Quantität von diesem Gemisch, von Pottasche, die S § Unreinigkeiten enthält, und von Eisen zu kennen, welche zur Darstellung von 1000 Pfd Blutlaugensalz erfordert werden. (Atomgewichte: $N = 14, Fe = 28, C = 6, O = 8, K = 39.2$.)

Der vorstehend genannte Abiturient ist der erste der Realschule erster Ordnung, der fünfte seit Emanation des Reglements von 1859, der einunddreißigste seit dem Bestehen einer Colberger Realschule überhaupt; und es lohnt heute wol einen kurzen Rückblick auf deren Anfänge. Am 15. October 1845 wurde Dr Wilh. Heinr. Brennecke (gegenwärtig Director der städt. Realschule zu Posen) als Rector der „zukünftigen Realschule zu Colberg" feierlich eingeführt, in welche die 1818 aus dem Lyceum hervorgegangene „Stadtschule für Knaben und Mädchen" verwandelt worden war. Durch die erste nach dem Reglement von 1832 abgehaltene Maturitätsprüfung vom 30. März 1848 kam das Prädicat „zukünftig" in Wegfall; die Realschule wurde staatlich anerkannt. Folgendes ist seitdem die Reihe der bestandenen Abiturienten gewesen:

1848, *Ostern:* Theodor Herrfahrdt, Julius Dellschow, Gustav Bauck, Otto Lehmann.
1850, *Ostern:* Rudolf Herrfahrdt; *Michaëlis:* Wilhelm Bessert-Nettelbeck.
1851, *Ostern:* Emil Reinsdorff.
1853, *Ostern:* Julius Greymann, Friedrich Richter.
1854. *Ostern:* Otto Hentsch, Theodor Fischer, Albert Winbeck, Emil Momm, Hermann Eichert, Edward Wetterling.
1855, *Ostern:* Edward Marquardt, Carl Rodenwaldt, Gustav Venzky.
1856, *Ostern:* Ernst Saffe, Heinrich Behmer, Karl Wagner, Wilhelm Hellwig.
1857, *Ostern:* Hermann Bandke, Karl Schneider, Heinrich Bauck, Ewald Trettin.

Von diesen 26 als reif abgegangenen sind gegenwärtig sechs Bauführer, drei Apotheker (bez. Besitzer einer Mineralwasserfabrik), je zwei Artillerieofficiere, Oberfeuerwerker, Postsekretäre, Steuerbeamte oder königliche Baumeister, je einer Schiffsbaumeister, Intendanturfecretär, Techniker, Landwirt, Buchhändler, Lehrer an einer Navigationsschule, Schiffscapitän.

Ostern 1858 wurden die Mehrzahl der Realschulklassen in Gymnasialklassen verwandelt; erst von Michaëlis 1862 ab bestehen wiederum vier vollständig getrennte Realklassen (IV—I), welche seit dem 14. März 1863 als Realschule zweiter Ordnung nach dem Reglement von 1859 galten. Letzterem entsprechend wurden zwei Maturitätsprüfungen abgehalten:

Ostern 1863 mit Hugo Schmidt und Wilhelm Bärwald,
Michaëlis 1863 mit Julius Reck und Karl Erdtmann — welche sämmtlich bestanden.

Von diesen ist der erste Kaufmann geworden, der zweite in den kgl. Steuerdienst, die beiden übrigen in den kgl. Postdienst übergetreten.

Möge die nach langer Unsicherheit endlich erlangte staatliche Anerkennung unserer Realschule fortfahren sich durch reiche Früchte zu rechtfertigen; ein Blick auf jene Vergangenheit berechtigt zu den schönsten Hoffnungen. Um dieß Ziel zu erreichen, bedarf es von Seiten der Eltern unserer Schüler vor allem Beachtung jener Bestimmung unserer Realschulordnung, wonach Knaben, welche vor Vollendung des Schulcursus, mindestens des zweijährigen Cursus von Tertia, wieder abgehen sollen, von der Realschule überhaupt möglichst fern zu halten sind; wie andrerseits die Gymnasialklassen eigentlich nur von solchen besucht werden sollten, welche gesonnen sind bis Prima — wo möglich bis zur Reifeprüfung — vorzudringen. Namentlich benutzt der Berichterstatter diese Gelegenheit zu der dringenden Bitte an die verehrten Eltern unserer Schüler, dieselben nicht ohne zwingende Gründe mitten im Schuljahre aus dem Unterrichte zurücknehmen zu wollen.

K. Oeffentliche Prüfungen und Schluſs des Schuljahres.

Nachdem am 22. d. M. der Geburtstag Sr Majestät des Königs in der Aula durch eine Schulfeier begangen worden, bei welcher der Gymnasiallehrer Dr Fiedler die Festrede hielt und in derselben ein lebendiges Bild des eben verflossenen, von herlichen Kriegsthaten erfüllten Lebensjahres unsers theueren Fürsten gab: wird nunmehr die öffentliche Prüfung sämmtlicher Klassen in folgender Weise stattfinden:

Dinstag den 4. April, Morgens von 8 Uhr ab:

Chorgesang: *Auf, auf, den Herrn zu loben* u. s. f. (Nr 788 d. Gesangbuchs), V. 1 und 2.

Gymnasialklassen: Quarta: Griechisch *Dr Fiedler*. — Mathematik *Dr Willert*.
Tertia: Latein Caesar, *Dr Pfudel*. — Geographie *Cand. Lutze*.
Secunda: Latein Cicero, *Oberl. Sägert*. — Mathematik *Prof. Dr Girschner*.
Prima: Geschichte *Oberl. Schultze*. — Griechisch Plato, *Director*.

Nachmittag von 3 Uhr ab:

Vorschule C und B: Lesen und Rechnen, *Lehrer Rutzen*.
Vorschulklasse A: Deutsch und Rechnen, *Lehrer Hahn*.
Sexta: Geographie *Cand. Lutze*. — Latein *Cantor Schwartz*.

Mittwoch den 5. April, Morgens von 8 Uhr ab:

Chorgesang: *Morgenglanz der Ewigkeit* u. s. f. (Nr 802 d. Gesangbuchs) V. 1 und 2.
Quinta: Latein *G.L. Jacob*. — Rechnen *Dr Willert*.
Realklassen: Quarta: Französisch *Dr Reichenbach*. — Geschichte *Cand. Haupt*.
Tertia: Englisch *Dr Meffert*. — Mathematik *Conr. Dr Fischer*.
Secunda: Französisch *Oberl. Sägert*. — Geographie *Oberl. Dr Schultze*.
Prima: Latein Tacitus, *Oberl. Dr Schultze*. — Mathematik *Conr. Dr Fischer*.

Nachmittag von 3 Uhr ab:

Actus.

Gesang: *Alles ist an Gottes Segen* u. s. f. (Gesangbuch Nr 566), Vers 1 und 2.
1. A. Fronhöfer, Abiturient, spricht lateinisch über das Thema: *Quibus maxime rebus Graeci et Romani exempla nobis proposuerint etiamnunc imitanda*.
2. Fr. Dittmar, Vorschüler: Des Knaben Berglied, von Uhland.
3. E. Meinke, Gymn. Primaner: Andromaches Klage (Hom. Il. 22, 477—514), von ihm selbst übersetzt.
4. J. Heinrichsdorff, Sextaner: Waldconcert.
5. P. Kickhöfer und W. Richter, Quintaner: lateinisches Gespräch.
6. J. Dellschow, Sextaner: Das Feuer im Walde.
7. E. Herr, G. Secundaner: Laokoon nach Virg. Aen. II im Urtext.
8. K. Ermisch, Vorschüler: der Kirschbaum, nach Hebel.

9. Fr. Ideler, G. Secundaner: Telemachos Zurückkunft (Hom. Od. 16, 1—44) im Urtext.
10. E. Patfchkewski, G. Secundaner: *Kriemhilden troum*, aus dem Nibelungenliede.
11. U. Brunner, Quintaner: Graf Richard von der Normandie, von Uhland.
12. W. Meyer, G. Quartaner: Icarus; nach Ovid. Metam. 8 lateinifch.
13. R. Leufch, G. Quartaner: Harald, von W. Müller.
14. O. Rumbaur, Quintaner: Schwäbifche Kunde, von Uhland.
15. E. Lüttke, G. Quartaner: Glockengufs von Breslau, von W. Müller.
16. J. Wendt, G. Tertianer: Die Kraniche des Ibycus, von Schiller.

Chorgefang.

17. Fr. Raafch, R. Primaner, fpricht englifch über das Thema: *The Wars between Napoleon and Germany*.
18. E. Schultze, R. Quartaner: der blinde König, von Uhland.
19. E. Dittmar und O. Reimer, R. Quartaner: franzöfifches Gefpräch.
20. H. Killifch, R. Tertianer: der Graf von Habsburg, von Schiller.
21. P. Löck, R. Quartaner: *le roi Alphonse*, von Florian.
22. H. Kienaft, R. Tertianer: *Rule Britannia*.
23. Fr. Greymann, R. Secundaner: Aus Schillers Wallenftein (Tod II, 3).
24. W. Karbe, Abiturient, redet über das Thema: Das menfchliche Leben verglichen mit einem Strom, im Anfchlufs an Goethes *Gefang der Geifter über den Waffern*.
25. J. Schwans, G. Primaner, redet über das Thema: Woher kommt es, dafs befonders Jugendfreundfchaften oft von fo geringer Beftändigkeit find.

Entlaffung der Abiturienten durch den Director.

Schlufsgefang des Gymnafialchors: Cantate von Palmer mit Inftrumentalbegleitung.

Zur geneigten Theilnahme an diefen Prüfungen und Feierlichkeiten beehrt fich der unterzeichnete das Gymnafial-Curatorium, die Wollöbl. Städtifchen Behörden, die Eltern der Schüler, fowie alle Gönner und Freunde des Schulwefens im Namen des Lehrercollegiums ganz ergebenft einzuladen.

Donnerstag den 6. April früh von acht Uhr ab werden im Kreife der Schule Verfetzungen und Cenfuren bekannt gemacht, und hiemit das Schuljahr gefchloffen. Das neue beginnt Donnerstag den 20. April früh um neun Uhr. Wie hierin diesmal mit Höherer Genehmigung die Ferienordnung für unfre Anftalt eine Ausnahme erleidet: fo werden auch die vierwöchentlichen Hundstagsferien abweichend bereits am 29. Juni d. J. beginnen — was ich hiemit zur Kenntnis der Eltern bringe.

Was die Aufnahme neuer Schüler betrifft, fo bringe ich zunächft in Erinnerung, dafs nach H. Minifterialverfügung vom 24. Oct. 1837 der Eintritt ins Gymnafium (Sexta) von Vollendung des neunten Lebensjahres abhängig gemacht ift, alfo eine Aufnahme in die Vorfchule vor Vollendung des fechsten Jahres vorausfichtlich nachtheilig werden kann.

Ferner glaube ich diejenigen Eltern, welche zwifchen Gymnafium und Realfchule fchwanken, darauf aufmerkfam machen zu müffen, dafs die Berechtigungen der Schüler beider Anftalten nunmehr faft durchweg die nämlichen find, natürlich mit Ausnahme der den Gymnafial-Abiturienten ausfchließlich vorbehaltenen, zu Staatsprüfungen berechtigenden eigentlichen Univerfitätsftudien.

Den gegenwärtig beftehenden Höheren Verfügungen gemäß **berechtigt ein Zeugnis einer Real-fchule erfter Ordnung:**

1. *aus den mittleren Klaffen* zur Aufnahme auf die Berg- und Provinzial-Gewerbefchulen, fowie zum Subalterndienft bei verfchiedenen Unterbehörden.
2. *nach abfolvierter Tertia* zur Aufnahme in die obere Abtheilung der Kgl. Gärtnerlehranftalt zu Potsdam, *desgl.* zum Eintritt in den Kgl. Poftdienft als Poft-Expeditionsgehülfe.
3. *aus Secunda* für das Kgl. Mufikinftitut zu Berlin,
4. *desgl. nach mindeftens halbjährigem Klaffenbefuche* zum Eintritt als Apothekerlehrling, *desgl.* zum einjährigen freiwilligen Militärdienft. Da jedoch hier die Bedingung hinzugefügt ift, daß das Abgangszeugnis gute Aneignung des bezügl. Klaffenpenfums befcheinigen mufs: fo gehen diejenigen ficherer, welche wenigftens einen Jahreecurfus in Secunda aushalten.
5. *desgl. nach mindeftens jährigem Klaffenbefuch* zum Eintritt als Poftexpedienten-Anwärter,
6. *der Reife für Prima* zur Zulaffung als Civileleve bei der Kgl. Thierarzneifchule zu Berlin, *desgl.* zum Büreaudienft bei der Bergwerksverwaltung, *desgl.* zum Civilfupernumerariat bei den Provinzial-Civilverwaltungsbehörden, fowie zur Annahme als Civil-Afpirant bei den Proviantämtern,
7. *aus Prima* zum Civilfupernumerariat bei den Gerichtsbehörden, *desgl.* zum Studium auf den Kgl. Landwirtfchaftl. Akademien zu Poppelsdorf und Eldena.
8. *desgl. nach mindeftens jährigem Klaffenbefuche* zum Supernumerariat bei der Verw. d. indir. Steuern, *desgl.* zum Applicanten für den Militär-Intendanturdienft, *desgl.* zur Abitur.-Prüfung bei einer Prov.-Gewerbefchule.
9. *nach beftandenem Maturitätsexamen* zur Aufnahme in das Kgl. Gewerbeinftitut. *desgl.* ins reitende Feldjägercorps, *desgl.* für die Kgl. Forftlehranftalt zu N. Eberswalde, *desgl.* zum Eintritt als Eleve in den Poftdienft mit Ausficht auf Beförderung in die höchften Stellen, *desgl.* zur Elevenprüfung für die techn. Aemter der Berg-, Hütten- und Salinenverwaltung, event. zu den höheren Studien für Bergfach und Staatsbaudienft, *desgl.* zur Feldmeffer- und Marktfcheiderprüfung, *desgl.* zur Difpenfation von der Portepeefähnrichprüfung.

Sämmtliche Berechtigungen mit Sperrfchrift find in diefer Ausdehnung nur den Realfchulen **erfter Ordnung** eigen.

Zur Prüfung und Aufnahme neuer Schüler ift der unterzeichnete an den beiden letzten Ferientagen im Conferenzzimmer des Gymnafiums bereit, und zwar Dinstag den 18. April 8—10 Uhr für die Vorfchüler und Sextaner, 10—12 Uhr für Quinta, Quarta und Tertia, 12—1 Uhr für Secunda und Prima; Mittwoch den 19. April 10—12 Uhr für Quarta und Tertia, 12—1 Uhr für Secunda und Prima. — Für Auswärtige können paffende Penfionen nachgewiefen werden; jedenfalls ift für die Wahl einer folchen (nach §. 45 unferer Schulordnung) die Zuftimmung des Directors erforderlich.

G. Stier.

Ueberſicht der Schulnachrichten.

A. Chronik der Anſtalt . . . . Seite	27
B. Schreiben und Verfügungen des Kgl. Pr.-Schulcollegiums	29
C. Curatorium des Domgymnaſiums und der Realſchule	30
D. Lehrercollegium	31—33
E. Lehrverfaſſung	31
I. Eingeführte Schulbücher	—
II. Vertheilung der Lehrgegenſtände	—
III. Lehrpenſa	34
F. Schülerverzeichnis	40
G. Lehrmittel	42
H. Prämien und Beneficien	44
J. Abiturienten	45
K. Oeffentliche Prüfungen und Schluſs des Schuljahres	49